EL PODER DE LA

AUTODISCIPLINA

LA CLAVE DEL ÉXITO

Cómo construir y mantener una autodisciplina para alcanzar tus metas y obtener excelentes resultados.

LIA MURILLO

EL PODER DE LA

AUTODISCIPLINA

Lia Murillo.

Primera Edición abril 2019
ISBN: 9798664325720

"Estoy convencido de que cerca de la mitad de lo que separa a los emprendedores exitosos de los no exitosos es la perseverancia."

Steve Jobs

ÍNDICE

—————— ♦◇♦ ——————

Introducción

$$\longrightarrow \blacklozenge \diamondsuit \blacklozenge \longrightarrow$$

(Las razones del éxito)

Tal vez tú hayas tenido la oportunidad de conocer a alguien sumamente talentoso, una persona con muchos conocimientos y habilidades en el área específica, pero que, a pesar de ser dueño de toda esa destreza, no ha logrado destacarse u obtener éxitos memorables dentro de su misma rama.

En ese caso, es seguro que te has preguntado lo siguiente: ¿cómo es posible que esa persona haya obtenido resultados tan mediocres, siendo sumamente hábil en la materia en cuestión?

También es posible que seas tú quien se encuentre en esa posición de genio estancado, porque tal vez algo le esté faltando a ese magnífico cóctel de talento y habilidades con el que cuentas.

Si es así, piénsalo bien, quizás te sorprenda darte saber que lo que realmente te falta para alcanzar el reconocimiento de tu desempeño no es ni más ni menos que la **autodisciplina**. Pero te tengo una maravillosa noticia: la autodisciplina es algo que se puede formar.

Se trata de una condición que poco a poco debe ser ejercitada. Una vez obtenida, se puede mantener a punta de práctica y acondicionamiento.

Crearte autodisciplina puede compararse con cualquier ejercicio físico que adaptas a tu vida. Al principio cuesta y agota, pero que con una buena guía y con la metodología adecuada se puede obtener un aumento de la consistencia y eficacia de este ejercicio, al punto en que casi sin darnos cuenta nos resultará posible superar la marca inicial con gran facilidad y fluidez.

Si eres una de esas personas a las que les está faltando ese valioso ingrediente que es la **autodisciplina** para alcanzar el éxito, te felicito porque estás a punto de conocer qué es lo que debes hacer para obtenerlo. Si no es tu caso y es más bien el caso de otras personas cercanas a ti, bien podrías hacerles llegar esta información que sin duda los ayudará a dar un vuelco a sus vidas. De cualquier manera, te invito a que continúes leyendo este libro. Aquí te expondré de manera muy clara y amena la vía rápida y segura para poder obtener el éxito que te mereces, ese primordial ingrediente que es nada más y nada menos que la **autodisciplina.**

1. Nociones generales

El preciado éxito

Antes de entrar a fondo en esta materia, voy a comenzar mencionándote algunos conceptos fundamentales que debemos tener en claro para que así puedas comprender bien de qué se trata esa relación íntima que existe entre la autodisciplina y el éxito. Para ello, voy a explicarte muy brevemente en qué consiste esa fantasía que tanto deseamos. Esa misma que en algún momento nuestros padres y maestros nos hablaron en una temprana edad. Me refiero al éxito.

¿En qué consiste eso que llamamos éxito?

Existen muchos conceptos que se han esbozado, en busca de definir algo tan subjetivo como lo es el éxito, de hecho, yo podría decirte que el éxito es como la belleza, es decir, que cada quien tiene su propio modelaje de lo que implica el ser bello, así como cada quien tiene su noción de lo que es ser exitoso.

En todo caso, el éxito al menos para los más grandes emprendedores, creadores y triunfadores del mundo muy pocas veces tiene que ver con el dinero, esto es así, aunque en prácticamente la totalidad de los casos, el éxito viene acompañado de una inmensa prosperidad económica, sin embargo, no se trata de perseguir el dinero. La abundancia monetaria es apenas una de las consecuencias naturales del éxito.

Por tanto, ¿en qué consiste el éxito para la mayoría de aquellos que lo han alcanzado de manera destellante?. Te lo voy a decir en pocas palabras: el éxito consiste en hacer lo que te apasiona con placer y perseverancia, logrando que tu desempeño marque una diferencia a nivel mundial o en una parte del mundo.

Tal vez este concepto en sí parezca que alcanzarlo sea algo simple o sencillo, pero resulta que para alcanzar el éxito, requerirás de unos cuantos ingredientes que, ciertamente, cuestan adquirirse y no pueden dejarse fuera. Uno de ellos es la autodisciplina. Te anticipo entonces que el éxito no se alcanza tan solo soñando, lo cual no está mal hacerlo de vez en cuando. ¿Por qué no? Soñar es saludable. Todos tenemos derecho a tener sueños que, de paso, en ocasiones se cumplen, pero, como te decía, no se trata solamente de soñar, sino de tener un plan, acometer un emprendimiento, luchar, perseverar y, posteriormente, una vez alcanzado el éxito, seguir ese camino con mucha autodisciplina para así poder mantenerse en la cima. En este sentido, un deseo, no siempre, pero en ocasiones, puede verse materializado de la noche a la mañana. Por el contrario, el éxito siempre va a requerir de una buena dosis de autodisciplina, mucha perseverancia y una organización tanto interior, así como de tu entorno, que te permita realmente ver consolidada tu gran meta.

Te voy a contar algo que ilustra perfectamente esa diferencia que existe entre un deseo y un emprendimiento para lograr el éxito. Esta se trata de una anécdota que tiene que ver con esa frase que escuché en una ocasión, cuando alguien me dijo que dar en el blanco no tiene nada que ver con la flecha, sino con el indio:

La anécdota trata de dos hermanos que eran hijos del capataz de una inmensa hacienda que, aunque crecieron y se criaron juntos, eran muy diferentes el uno del otro. Antonio siempre fue muy observador. Desde niño pasaba horas contemplando la naturaleza. Era un chico muy colaborador. Siempre se levantaba muy temprano y acompañaba a su padre con mucho agrado a sus faenas de campo, ayudaba a su madre a cargar leña, así como a organizar y elaborar la comida para los trabajadores de aquellas tierras en la que todos habían nacido. El otro hermano, José, era más bien un soñador empedernido, vivía cavilando con ser millonario algún día. Así que, entre sueño y sueño, jamás ayudó a sus padres en nada, al menos no voluntariamente.

Ahora, si algo tenían en común estos dos hermanos era que ambos deseaban algún día tener muchos dólares. Antonio deseaba el dinero para emprender una fábrica de chocolates, porque a propósito de todo, el chocolate y el cacao siempre fueron la gran pasión de este chico. En cuanto a José, él solo quería ser rico y nada más.

Pasaron los años y, en plena juventud de los hermanos, el dueño de la hacienda falleció. Resulta que debido a que nunca había tenido hijos, el dueño había decidido ceder la herencia de sus extensas tierras en manos de sus capataces. Así fue como de la noche a la mañana, el deseo de ambos jóvenes se hizo realidad, los dos tenían muchísimo dinero. Pero cada uno asumió su repentina fortuna de manera distinta. Mientras que Antonio se inició en lo que siempre fue su pasión, es decir, el cultivo de cacao y la producción de chocolates; José compró unas vacas que lo llenaron de tal aburrimiento, que terminó rematándolas al mejor postor. Al final, Antonio, gracias a su **perseverancia** y **autodisciplina**, logró alcanzar el éxito con gran fluidez, mientras que José quedó sin empleo y en la más absoluta pobreza, siendo asistido más tarde por su hermano, aunque sin lograr edificar algo por sí mismo nada perdurable, él con ello continuó así, soñando y soñando durante todo el resto de su vida, sin ningún plan y sin la menor muestra de autodisciplina.

Es tal y como te lo digo, no se trata de la flecha, sino del indio. Y el indio para dar en el blanco debe tener pasión y debe haber practicado muchísimas veces y no solo algunas, ello producto de una **organización, perseverancia** y sobre todo **autodisciplina.**

¿Qué es la autodisciplina?

Como bien debes haber entendido, algunas personas alcanzan sus metas, logran el éxito y se mantienen en la cima con una aparente gran facilidad, mientras que otros van de aquí para allá, sin rumbo fijo ni método alguno, fracasando aparatosamente una y otra vez. Los amigos, familiares y conocidos de estas dos clases de sujetos seguramente hablan a sus espaldas de la buena o mala suerte del uno o del otro, tal vez, sin tomar en cuenta las condiciones y el modo en que cada uno asumió el desempeño de sus emprendimientos.

Ten por seguro que en ningún caso se trata de la buena o la mala fortuna. El éxito no es una eventualidad, no se trata de algo que nos ocurre al azar. Es más bien la consecuencia de nuestro modo de proceder. Es decir, un saldo de nuestra buena actitud y, por supuesto, nuestra autodisciplina. Hasta este punto ya te habrás preguntado en qué consiste esto de la autodisciplina, si es algo que puede comprarse en un supermercado, acaso viene en cápsulas masticables o si es una condición que a unos les toca en el paquete de la vida y a otros no. La respuesta a todas estas preguntas es NO.

La autodisciplina es algo que se aprende o, para ser más exactos, se forja a base de ejercicios constantes. Un claro concepto sería el siguiente que he esbozado para ti.

La autodisciplina es el poder de llevar a cabo una labor, aún en el caso de que nuestro estado de ánimo no esté disponible para eso. En otras palabras, es hacer algo, aunque no cuentes con las ganas, así tengas sueño, flojera o estés indispuesto dado que te encuentras haciendo otra cosa. Como verás, la autodisciplina implica voluntad y orden. Queda claro entonces que se trata de algo que se puede aprender y se puede ejercitar. Claro está, para adaptarlo a tu vida deberás comenzar por hacer ejercicios suaves. Con esto quiero decir que deberás optar por metas más ligeras y breves. Ya luego te decidirás por hacer ejercicios que impliquen un mayor esfuerzo.

Desarrollar nuestra autodisciplina puede ser pensado como cualquier actividad deportiva. Si nos referimos al ciclismo de montaña, el atleta en cuestión deberá comenzar por manejar en cimas menos altas, menos accidentadas, pendientes poco inclinadas, las que puedan permitirle a su cuerpo y cerebro ir adaptándose a las exigencias. Ya después podrá pasar a un nivel de cimas medias, más pedregosas y agrestes. Al final ya habrá alcanzado la optimización requerida para adaptarse a las montañas en donde solo suben los campeones.

Vale recalcar que la autodisciplina no es una carrera de velocidad, es más bien una carrera de fondo, en la cual es preciso tener una buena biomecánica, un excelente método y una correcta administración de la energía. No se trata de correr desde el comienzo al final a toda máquina. Se trata más bien de ir con buen ritmo y enfocarte en una meta.

En todo caso, una vez alcanzada la autodisciplina, seremos más capaces de acometer proyectos, alcanzar metas e inclusive superar adicciones y hábitos inconvenientes. Ya vas a ver cómo el tiempo te va a rendir mucho más, los días te alcanzarán para hacer más cosas y al anochecer dormirás más relajado(a) con la plena satisfacción de haber tenido un día exitoso.

2. Recompensas

Recompensas inmediatas versus recompensas aplazadas.

A todos nos ha ocurrido que se nos ha presentado una situación que nos provoca placer. Esto habitualmente sucede cuando se trata de alguna comida. Por ejemplo, imagínate a un pequeñín al que le decimos que le daremos un delicioso caramelo al momento, pero que si espera un par de horas en lugar de uno recibirá dos caramelos. Como es un niño pequeño y no tiene lo suficientemente desarrollada su autodisciplina, él elegirá por comerse al instante el dulce. En este caso, el niño habrá optado por una recompensa inmediata. Sin embargo, si se trata de un niño más grande, tal vez su elección sea distinta. Si este posee una autodisciplina lo suficientemente fortalecida, ya sea porque sus padres lo han propiciado o porque en su escuela le han impartido tareas que implican fortalecer la autodisciplina de los estudiantes, es probable que el niño opte por esperar las dos horas indicadas para acceder a la recompensa mayor, o aplazada. De eso se trata las tentaciones pueden vencerse a punta de autodisciplina.

En tu caso pueden surgir varias situaciones.

Por ejemplo, imagínate que estás viendo televisión y que están pasando tu serie favorita. Te sientes súper cómodo (a) y relajado (a), o sea, en la plenitud del confort. Pero sucede que

llegó la hora en que tienes pautado ir al gimnasio, y sabes que deberías ir porque ya pagaste la mensualidad en el gym, y porque además te hace falta, pues últimamente estás notando que has engordado.

En este caso, tienes dos opciones:

- Sucumbes a la tentación y te quedas mirando tu programa en plena relajación. Estarías inclinándote por la recompensa inmediata.

- Aplicas un ejercicio de autodisciplina y saldrías a hacer tu hora de ejercicio, lo cual impactaría satisfactoriamente en tu salud, y sería una buena decisión para ir preparando tu cuerpo en torno a tu futura buena figura. Esta opción te reportaría una recompensa aplazada.

Medita sobre qué opción tomarías en este caso a manera de realizar una autoevaluación respecto a tus propios niveles de autocontrol, tomando en cuenta las recompensas inmediatas o aplazadas. Ahora, te voy a dar otro ejemplo para que visualices por cuál de las opciones te decidirías:

Suena el despertador y recuerdas que tienes que levantarte temprano para que te rinda mejor el tiempo y así no tengas que estar angustiado (a) en procurar de terminar todo lo que te toca hacer ese día. Pero sucede que tienes mucho sueño y hace frío, además tu cama está muy calientita y cómoda. Entonces ¿qué opción te suena más familiar?

- Te quedarías acostado (a) un ratito más, aunque sea cinco minutitos, que muy probablemente terminen siendo una hora porque te encuentras divinamente cómodo (a), y a quién no le gusta estar así, en pleno relax (recompensa inmediata).

Te levantarías de una buena vez, te ducharías de prisa y saldrías muy temprano. Esto traería como consecuencia que, llegada la tarde, dispongas de más tiempo para cumplir con todo lo que planeaste para ese día (recompensa aplazada).

Como puedes entender, el ejercicio del autocontrol tiene mucho que ver con las decisiones que tomamos a diario. En los dos ejemplos que te mencioné, las primeras opciones parecen más placenteras, de eso no cabe la menor duda, pero sucede que cualquiera que opté por estas conductas se perderá de las recompensas que a la larga le generarían beneficios más perdurables. Además, si se elige lo inmediato, se corre el riesgo de caer en angustia y depresión. Toma muy en cuenta esto cuando debas decidir entre una recompensa inmediata o una a largo plazo. Mide los beneficios de cada una y en base a eso decide siempre recordando que puedes echar mano a tu autodisciplina. Esto, obviamente, significará que aprenderás a tener un mejor control de tus propios actos, al estar más centrado(a) en tus grandes metas y ser más conscientes de lo que realmente es bueno para ti.

En todo caso, como ya te comenté, la autodisciplina significa hacer algo aunque no tengas ganas; es decir, que puede que en un momento dado tengas mucha pereza y ningún deseo de llevar a cabo cierta acometida, pero igual eres capaz de dominar todo ello y ponerte a trabajar en ese pendiente.

Ahora, si en caso tienes por delante una gran motivación para hacer algo, es un hecho que no te hará falta hacer uso de la autodisciplina para que lleves a cabo esa acción. Por ejemplo, si estuvieras cómodamente sentado (a) en tu sillón viendo una película genial y yo te dijera que a cambio de que fueras al gimnasio te daría un millón de dólares, créeme que no me cabe la menor duda de que saltarías de tu mullido sillón, como un resorte y en menos tiempo de lo que cualquiera podría imaginarse estarías en el gym haciendo aeróbicos y levantando pesas al mismo tiempo. En cambio, si te sugiriera que te levantaras y te dirigieras al gimnasio porque eso te ayudará a tener un cuerpo mejor torneado y bello dentro de unos cuatro meses (recompensa aplazada), te aseguro que cabe la posibilidad de que optarás por terminar de ver tu genial película recostado (a) sobre tu cómodo sillón (recompensa inmediata).

Lo cierto de este asunto es que generalmente no tenemos este tipo de estímulos como el de un millón de dólares a cambio de asistir al gimnasio, sino que tenemos más bien una recompensa que veremos materializada un buen tiempo después. Es por eso que debemos hacer uso de nuestra autodisciplina para emprender el trabajo requerido, ya que normalmente hay otros estímulos distractores de escaso valor a nuestro alrededor tratando de sacarnos de foco. Es preciso entonces que nos mantengamos centrado en el deseo de alcanzar nuestras metas.

Debemos vernos mentalmente en toda nuestra dimensión, disfrutando plenamente de todo lo que implicará nuestro logro, por ejemplo, imaginando las texturas, sabores, compañías, emociones, etc., que podrían surgir dentro de esa situación de éxito. Hacer una proyección mental de nuestro éxito antes de que este llegue va a ser el mejor estímulo con el que podremos contar, sobre todo porque lo inmediato lo podemos ver y sentir en el momento, mientras que esa gran cima a lo que aspiramos estará con nosotros dentro de un plazo que podría ser variable.

La inercia y la autodisciplina

Tenemos que aceptar lo siguiente. A la mayoría le cuesta comenzar algo, pero una vez iniciada una actividad, lo usual es que a medida que vayamos realizándola nos costará menos seguirla haciendo. Es el ejemplo típico de las vacaciones. Trabajamos durante todo el año con buen ritmo hasta que llegan nuestras anheladas vacaciones. Sucede entonces que cuando volvemos al trabajo luego de un largo descanso, habitualmente, los primeros días nos cuesta levantarnos temprano, salir a la calle y arremeter nuevamente con todo lo que implica la rutina laboral. Esto nos sucede a casi todos. Pero, claro, solo es temporal hasta que volvemos agarrar el ritmo normal.

Otro ejemplo igualmente ilustrativo es el de un montañista. Supongamos que este escalador planea remontar el Everest, así que se detiene justo al pie de este altísimo monte ubicado en la cordillera del Himalaya. Él mira hacia arriba y piensa durante un rato. Es cierto que él está habituado a subir montañas y picos, pero supongamos que está un poco fuera de forma porque lleva un año inactivo debido a compromisos familiares. Sabe que arrancar le está costando bastante. Por tanto, frente a esa enorme montaña cuya cima se pierde de vista, el hombre llega a pensar en la posibilidad de darse media vuelta. Pero desistir no está en sus planes, así que hace un trabajo mental, acude a su autodisciplina y a su fuerza de voluntad, y comienza con mucho esfuerzo a subir. Lo bueno es que ya después del primer kilómetro siente que la cosa comienza a cambiar a su favor. El montañista se entusiasma y continúa con su ruta con optimismo y buen ritmo que no tenía al principio.

Este montañista de nuestro ejemplo debió romper con la

inercia de inactividad a fin de poder arrancar. Es natural que al principio le costara mucho. Es por eso que tuvo que emplear una energía extra para comenzar a recorrer los primeros metros. Ya después entró en inercia de acción y su rendimiento se elevó notablemente, creándole menos esfuerzo para continuar debido al impulso ganado.

Ese "impulso extra" se debe al efecto de la inercia, una ley física según la cual todo cuerpo tiende a mantenerse en movimiento a pesar del cese de las fuerzas externas, así como también podría mantenerse en reposo pese a un impulso exterior que pretenda ponerlo en movimiento.

La autodisciplina nos da esa capacidad de superar la inercia en el estado de inacción y de igual manera mantener la inercia de acción en el tiempo. Cuando nos invade la inercia de inacción o nos cuesta volver a tomar impulso debido a nuestra tendencia de permanecer en reposo, es que debemos hacer uso de la autodisciplina. Solo así retomaremos el impulso que requerimos para proseguir con nuestra actividad.

Sabemos que no siempre resulta tan fácil. Es natural, pues se trata de un esfuerzo extra, ya que significa aplicarnos más energía de la acostumbrada para activar nuestro estado en reposo, de manera que en lugar de emplear una fuerza de manera creativa, la estarás utilizando para retomar lo que ya sabes hacer y ya tienes establecido realizar. Por eso es que debes procurar mantener esa inercia cuando la tengas. Es así como emplearás tus energías de una manera más productiva.

Para conservar ese estado de inercia, es recomendable que, siguiendo el caso de tus vacaciones, cada que bajes tu ritmo de actividad laboral, continúes manteniendo tu hábito de levantarte temprano, arreglar tu cama antes de salir, vestirte bien. En un caso más específico, si eres chica, maquillarte y mantenerte bella a pesar de que te encuentres de vacaciones o en casa. También es muy recomendable que mantengas tu actitud de socialización. De esta manera, cuando debas volver a tu rutina normal, aunque hayas bajado tu velocidad, no te encontrarás lidiando con una inercia de inacción, sino que simplemente deberás acelerar un poco tu ritmo para retomar tus tareas habituales sin tener que hacer un esfuerzo extraordinario.

Lo que debemos evitar

Qué nos impide vivir en autodisciplina

Todos tenemos o hemos tenido conductas que nos han mantenido alejados de la autodisciplina, eso que nos permite alcanzar lo que la mayoría de nosotros ansiamos, el éxito. ¿Pero cuáles son esas conductas inadecuadas que nos han impedido actuar de manera auto disciplinada? A continuación, te haré mención de algunos saboteadores del éxito con la intención de que te mantengas atento (a) y optes por neutralizarlos a plena conciencia.

1. La procrastinación

Es el hábito continuado de posponerlo todo. Se trata de una conducta que transgrede gravemente a la autodisciplina y frena el éxito que comúnmente perseguimos.

El que todo lo posponen está expuesto a perder oportunidades de negocios o laborales, también es proclive a ver alteradas sus relaciones interpersonales y familiares. Inclusive, una persona habituada a posponer podría ver afectada su salud debido al estrés y las alteraciones de sueño propias de quien no logró cumplir con algún compromiso o se encuentra siempre al borde de la fecha límite de entrega de algo. En muchas ocasiones, al posponer algo, lo que estamos propiciando es que luego debamos hacer un esfuerzo mayor para realizar esa actividad pendiente que tal vez en su momento de ejecución pudo llevarse a cabo de manera mucho más sencilla y con menor esfuerzo.

Un ejemplo muy claro de esto es cuando vas a lavar las vajillas. Imagina que es temprano en la mañana y desayunaste junto a tus hijos y esposo (a). Entonces, ya al rato, todos se han marchado y la vajilla ha quedado ahí, en el fregador, esperando por ti, pero sucede que tú también debes salir, y al pasar frente a la pila de platos sientes un gran flojera para lavarlos. No tienes ningún deseo de arremeter contra toda esa grasa dejada por los huevos fritos, mucho menos contra los residuos de cereal, leche y mermelada. Así que sigues de largo. Sales a hacer tus cosas y regresas en la noche a preparar la cena. Pero sucede que te topas con la misma pila de platos. Han esperado por ti desde la mañana. Lo peor del asunto es que tu familia está por regresar y seguramente llegarán con mucha hambre. En tanto, tú no puedes comenzar a preparar nada mientras todos esos trastes desbordan el fregador. Respiras profundamente y deseas hacer uso de todas tus fuerzas para lavarlos, pero resulta que tu esfuerzo deberá ser mayor porque todos esos restos de comida que quedaron en tus vajillas se encuentran ahora secos, duros, adheridos a cada plato, tenedor y cuchara.

Aquí cabe ese refrán que he escuchado siempre de boca de mis padres: "El flojo trabaja doble". Esto me lo repetían a modo de advertencia ante mis impulsos de dejarlo todo para más tarde. Fue muchos años después, ya habiendo dejado atrás mi adolescencia, cuando me di cuenta de la gran verdad que hacía implícito este sencillo dicho popular.

Ahora te voy a comentar, cuáles son las verdaderas causas de las conductas postergadoras que todos hemos tenido alguna vez en la vida. Pon mucha atención para que identifiques las tuyas. Recuerda que es muy importante ubicar nuestras causas o debilidades para poder erradicarlas de nuestras vidas:

✓ **El miedo al fracaso:**

Se trata del hábito de posponer las cosas debido a la baja autoestima. Ante el temor de fracasar aparatosamente, la persona a veces prefiere no hacer nada. Lo cierto es que en algún momento esta misma se verá obligada a cumplir con dicho compromiso debido a que ya se encuentra en la fecha acordada para la entrega.

✓ **Perfeccionismo:**

Es el caso de quienes no se deciden por uno u otro método para realizar su pendiente debido a que todos les resulta insuficientes, y esperando o buscando la planificación perfecta, terminan activándose a última hora.

✓ **Mala organización:**

En este caso, el procrastinador tiene el hábito de dejarlo todo para última hora porque no tiene consciencia de que el tiempo transcurre, así que se le hará tarde, terminará corriendo y, habitualmente, lo hará todo mal o, en el mejor de los casos, de manera mediocre.

✓ **Depresión:**

Las personas deprimidas cancelan sus actividades o, en todo caso, tardan en realizarlas. Esto es comprensible debido a que en medio de su emoción y de la percepción catastrófica que tienen de la vida no se sienten motivados a nada.

A continuación, reflexiona sobre todas estas posibles razones que podrían estimular las veces en que has procrastinado. Tómate tu tiempo. A veces, el ubicar nuestras debilidades no es algo que se logre de la noche a la mañana. Así que hazlo sin prisa, pero sin pausa. Mientras tanto, te voy a contar algo acerca de un sujeto que conocí. Este tenía la muy mala costumbre de dejar sus compromisos para el último momento.

Carlos era un tipo muy brillante, un investigador universitario que se llenaba la boca diciendo que le gustaba trabajar bajo presión. Según este amigo, el estar en fecha límite para la entrega de sus proyectos era para él una gran motivación. Es por esa razón que siempre postergaba. Tenía la manía de comenzar ya muy tarde sus trabajos. Por tanto, a vísperas de la entrega, no dormía. El torturante tic tac del reloj, le hacía recordar que ya faltaba muy poco para la hora cero. El resultado de su hábito fue que el pobre Carlos padeció de un agotamiento físico y psicológico tan extremo que lo llevó a una especie de psicosis reactiva. En consecuencia, debió ser hospitalizado durante dos meses en una clínica de reposo.

Lo que también había sucedido con mi amigo Carlos era que, inmerso en el medio competitivo en el que siempre estuvo, en algún momento se había vuelto una persona muy perfeccionista, de manera que nada de lo que hacía o lo que ideaba abordar dentro de sus trabajos le resultaba lo suficientemente satisfactorio. Entonces, el resultado de su conducta postergadora era siempre el mismo: luego de haber descartado decenas de propuestas, finalmente asumía cualquiera de estas, y es que no olvidemos que se ponía a trabajar a vísperas de la entrega y, por tanto, el tiempo límite se le venía encima.

2. El desorden

Bien, ya te comenté acerca de la procrastinación y cómo este hábito puede llegar a afectar nuestra autodisciplina y, por ende, el alcance de nuestro éxito. Pero ahora te voy a hablar de otra circunstancia igualmente nociva para nuestra autodisciplina personal. Esta se trata nada más y nada menos del terrible desorden que podría estar a nuestro alrededor. Te cuento que lo ideal no es vivir en un orden rígido dentro del cual ninguna ficha puede estar fuera de lugar. Como bien lo dijo Albert Jacquard: "Es difícil el equilibrio entre el caos y el exceso de orden". En este sentido, si bien el desorden atenta contra la autodisciplina y el éxito, debemos tener presente que siempre será preciso tener un grado de flexibilidad.

Ahora, es necesario mantenernos en autodisciplina dentro de nuestro hogar, por ejemplo, mediante nuestra alimentación o nuestras finanzas, ya que el desorden no nos va a permitir ver con claridad dónde se encuentran las cosas ni saber con qué contamos a la hora de invertir o atender un imprevisto. Ten en cuenta además que el desorden puede llegar a atentar contra nuestra salud. Si debemos tomar medicamentos en medio de un caos dentro del cual no sepamos dónde se encuentran las cosas, es posible que no logremos encontrar nuestra medicina o que no tengamos anotado la hora exacta en que debamos ingerirla.

Por otra parte, ten en cuenta que cuando se trata de mantener el orden como en lo referente a todo en general la cosa comienza en la mente. El orden implica también de una buena e imprescindible organización mental; es decir, una clasificación de tareas y un organigrama de las prioridades. En este sentido, una buena agenda podría ayudarte mucho a mantener tu orden mental y la adecuada clasificación, según tus prioridades. Además, no olvides darle su justo valor y lugar a la recreación, a las distracciones y compartir tiempo con tus seres queridos.

Esto último es muy importante, porque de ningún modo se trata de encerarte en tu meta financiera o de negocios y relegar a un segundo plano lo resto. Recuerda que tu plan es dirigirte a la felicidad, y la felicidad consiste también en la diversión y la vida familiar. Lo cierto es que todo debe tener su horario y su tiempo. Cada que te encuentres dedicado(a) tu meta, no debes permitir que nada te disperse. Eso tiene que ver con evitar el desorden y mantener tu autodisciplina.

Cuando nos ejercitamos en el arte de la autodisciplina, uno de los factores que debemos mediar es nuestro desorden, si en caso este se hace presente en nuestras vidas y nos mantiene alejados del éxito.

3. La impulsividad

Otro elemento que puede llegar a atentar contra nuestra autodisciplina y contra el alcance de nuestras metas es la impulsividad. Esta es la tendencia de una persona a actuar de manera abrupta y sin pensar. Al respecto, te digo una cosa. Cuando tienes autocontrol no eres proclive a tomar decisiones erradas debido a un momento de impulsividad. La impulsividad no es amiga del éxito.

Una cosa es seguir los instintos y no perder demasiado tiempo rondando una idea con el riesgo de que se enfríe, y otra cosa muy distinta es que seamos guiados por un impulso.

En estos tiempos en los cuales todo se maneja vía Internet y sus por diferentes redes sociales, un clic puede llegar a marcar la diferencia entre el éxito y el fracaso. Por consecuencia, es preciso tener la autodisciplina suficiente como para mantener domados nuestros impulsos. Recuerda además que en la Internet no solo ejecutamos decisiones financieras o temas de negocios, sino también decisiones que implican sentimientos familiares o románticos.

Dicho esto, antes de dar un clic para emitir nuestro veredicto o darle "enviar" a un mensaje que podría cambiar el curso de una relación, es preferible respirar, dar una vuelta por la calle y tomar algo de aire fresco antes de emitir algo de lo que podríamos arrepentirnos.

Vamos a un ejemplo que nos presenta una actitud impulsiva. Recuerdo que en una ocasión un amigo mío fue al hipódromo a apostar por unos caballos en la carrera de la tarde. En esa ocasión alguien le dio un dato asegurándole que cierto caballo no perdería. En efecto, no perdió. Mi amigo estaba entonces feliz porque había ganado algo de dinero. Así que volvió en la noche para jugar nuevamente. Él estaba emocionado. Apareció el mismo sujeto, quién parecía vivir en el hipódromo. Este le dio otro dato a mi amigo asegurándole que volvería a ganar. Mi amigo se acercó a la taquilla impulsado por el entusiasmo y el desbordado optimismo. No lo había pensado ni siquiera por un segundo. Apostó absolutamente todo su dinero. Más adelante me contó que eran sus ahorros de diez años. Fue así como en menos de cinco minutos, mi amigo perdió hasta el aliento, todo por haberse dejado guiar por sus impulsos.

Está de más decirte que algo de autodisciplina habría mantenido a mi amigo a salvo de aquella debacle de la cual tardó años en recuperarse.

Después de haberte contado esta historia muy triste, seguramente tú te estarás preguntando: ¿Qué tan complicado es disciplinarse para controlar la impulsividad? No te mentiré, no es tan sencillo. En ocasiones, hay que realizar un trabajo interior que a veces resulta complicado, pero, en todo caso, cuando alcances a manejar este punto, tendras una gran recompensa, ya que serás "más" dueño (a) de tus actos.

A continuación, te voy a exponer unos pasos que podrías seguir si eres una persona impulsiva y deseas conquistar tu autocontrol para que la impulsividad no se interponga entre tú y tu éxito:

a. Descubrir qué factores disparan tus impulsos

Como siempre te digo, lo primero que hay que hacer es conocerte mejor internamente si deseas mejorar. En el caso de la impulsividad, es preciso que reconozcas qué estímulos o circunstancias provocan en ti la manifestación de las conductas impulsivas. Esto es importantísimo, ya que así podrás frenarte a tiempo al detectar el momento o los momentos en los cuales eres proclive a actuar impulsivamente. Se trata en este caso de tener la posibilidad de estar prevenido (a).

Para ubicar bien qué elementos o situaciones estimulan tus conductas impulsivas, podrías llevar un registro escrito de las veces que actuaste impulsivamente. Sería bueno que lo anotaras todo. Aquí me refiero tanto a la situación en cuestión como las emociones que surgieron antes y después de la conducta. De igual forma, tomar apunte de las personas que estaban contigo durante tus momentos de impulsividad. Es muy importante que averigües cómo te sentiste y cómo reaccionaste durante y después de tu conducta impulsiva.

En este sentido, mi recomendación va orientada a que analices bien tus datos y tomes consciencia de qué situaciones de la cotidianidad o qué evento extraordinario te condujo a actuar impulsivamente. Es de esta manera que podrás predecir tus ataques de impulsividad a fin de evitar malas decisiones.

b. Antes de actuar, respira tres veces

Cuando ya hayas realizado el primer paso, es decir, cuando tengas conciencia de qué acontecimientos generan en ti reacciones impulsivas, no deberás paralizarte o esperar a que tu conducta transcurra. No. Se trata más bien de que te tomes un tiempo para pensar antes de actuar. Puedes optar por tomar tres respiraciones profundas y luego medir los pros y los contras de las conductas que podrías asumir al respecto. En síntesis, haz tus cálculos antes de proceder. Esto disminuirá las probabilidades de que "metas la pata" al actuar sin pensar y de manera impulsiva.

Créeme algo, si antes de tomar una decisión primero dejas transcurrir unos segundos, tu cerebro se calmará y podrás pensar con más claridad. Esto no es ciencia, es una cuestión fisiológica. Si respiras tres veces y dejas pasar un espacio de tiempo, tus niveles hormonales se regularán y tus acciones serán producto de tu razonamiento, no de tu explosión de hormonas.

c. Habla contigo

Es muy importante que después de haber logrado los dos

pasos anteriores en donde has identificado las situaciones que generan tus conductas impulsivas y logrado acostumbrarte a respirar tres veces ante estas circunstancias, sepas ejercitar tu diálogo interno. Sucede que, una vez logrados los dos primeros pasos, en muchas ocasiones lo que hacen las personas es paralizarse o solo retener la conducta impulsiva por unos segundos. Esto no generará un impacto en ti. Para poder actuar racionalmente, es preciso sumar una breve conversación interna. Habla contigo mismo (a) sobre lo que podría aportarte el actuar de un modo u de otro, qué podría suceder si haces esto o aquello, y luego date a ti mismo (a) las instrucciones correspondientes para que las cosas fluyan a favor tuyo y de tu entorno.

d. Gestiona tus energías

Fíjate lo sucede con cierta clase de impulsivos. Vemos a estas personas que, ante circunstancias corrientes, es decir, escenarios que no generan conductas impulsivas, simplemente no intervienen, sino que permanecen pasivos, aunque tengan muchas ganas de actuar. Esto es porque, en cierto modo, estos se reprimen mucho. Tal vez te suene contradictorio, ya que el impulsivo es como un volcán en plena efervescencia que solo quiere botar todo al exterior. Aquí hago referencia a un tipo de personas que son calladas, estas no opinan mucho y aparentemente "prefieren" dejarle las decisiones a alguien más. Claro que si te fijas en el brillo de sus ojos la realidad es distinta. En esta clase de sujetos, notamos que sus ojos no hablan, sino que gritan. Se trata de individuos que, por una u otra razón, no toman decisiones cuando deberían tomarlas, y luego culpan a todo el mundo porque inconscientemente llegan a sentirse desvalorizados, sin darse cuenta de que ellos mismos se han aplicado una mordaza. Pero aquí no queda la cosa. Va a suceder el día en que esta persona desatará su impulsividad. Es ahí donde el volcán hace erupción y toda esa energía saldrá a borbotones en forma de una reacción desaforada.

Tengo una amiga que tenía esta misma peculiaridad. Sandra es una mujer muy inteligente. Ella es una decoradora de interiores muy cotizada, pero le pasaba esto. Cada que estaba con su madre y supuestamente le tocaba tomar alguna decisión, Sandra no opinaba. Claro, Angélica, la mamá de Sandra, una mujer tan lista como su hija, era la que decidía siempre por ella. Sucedió entonces que Angélica tuvo que hacer un viaje, así que se marchó dejando a Sandra a que comenzara a tomar sus propias decisiones. Fue así como mi amiga adaptó en ella esa mala costumbre de ser muy impulsiva. Las consecuencias fueron tan severas que para una ocasión Sandra vendió su departamento sin antes haber meditado dónde se iría a mudar. Lo que ocurrió después fue que Sandra tuvo que ir a vivir con su madre. Fue ahí cuando ambas se convencieron de que Sandra era incapaz de tomar una buena decisión en su vida. Así que, a partir de entonces, todavía más que antes, Sandra se mantuvo en un silencio casi sepulcral cada que estaba ante la presencia de su madre. En tanto, cada que su madre no estuviera cerca, su situación parecía emular a la época más explosiva del mismísimo monte Vesubio. Cuando hablé con Sandra y le dije que tomara nota de los momentos en los cuales aparecía su impulsividad, ella concientizó enseguida que esas conductas sucedían siempre en ausencia de su madre, mientras que cuando estaban juntas ella jamás tomaba decisión alguna, ya que las riendas de todos los asuntos las asumía siempre su mamá.

Entonces estuvo claro lo que mi amiga debía hacer. Aunque al principio le pareció muy difícil, ella debería opinar y tomar decisiones justamente en los momentos en que su madre estuviera presente. Eso fue lo que hizo. Por supuesto que comenzó con cosas pequeñas, como los colores que elegiría para pintar su nuevo departamento, así como la compra de víveres y artículos pequeños que necesitaban semanalmente. Al principio surgieron algunas disputas entre ambas, pero muy pronto las aguas tomaron su cauce y Sandra comenzó a tomar decisiones propias de mayor calibre, incluso cuando Angélica estaba presente, y sin ser presa del impulso. Esto se debía a que bajaron sus niveles de ansiedad y energía acumulada, de manera que sus explosiones de impulsividad en ausencia de su madre fueron bajando también.

Hoy en día madre e hija se ríen de aquello. Sandra se casó y tiene tres lindos niños que son la locura de la abuela Angélica, pero, eso sí, las decisiones en torno a la educación de los pequeños las toma Sandra, claro está, en forma serena, sin aquellos episodios de impulsividad que una vez regentaron su vida.

e. Si lo anterior falla, prueba con la relajación

Hay personas que tienen tan arraigado el hábito de actuar impulsivamente que cada vez les resulta más difícil disminuir ese exceso de energía. Se trata de personas que dicen no poder cambiar esta forma de actuar porque a lo mejor ni siquiera han podido tomar conciencia de las circunstancias que generan sus conductas. Entonces, mientras tratan de ubicar estos factores, sería bueno que realizaran también paralelamente un poco de ejercicios. Podrían hacer algo de yoga o ejercicios aeróbicos, como caminar o practicar bicicleta o natación. También es recomendable realizar alguna actividad artística como escribir poesía, pintar o iniciarse en el aprendizaje de algún instrumento musical.

Estas actividades serán de mucha ayuda a la hora de canalizar esa energía acumulada que está propiciando el hábito de tomar decisiones en forma explosiva.

4. Las tentaciones

No te asustes, no planeo darte una lección extrema de moral. Lo que te voy a comentar ahora respecto a todos esos comportamientos que podrían alejarnos de la autodisciplina es que debes mantenerte enfocado (a) y que hay tentaciones que deberías mantener en alto si es que deseas alcanzar el éxito. Ya te hablé de la procrastinación, el desorden y la impulsividad. Caso las tentaciones, no son menos nocivas para el alcance de tus metas, respecto a todas esas costumbres ya señaladas.

Un ejemplo de tentación contraria a la autodisciplina es el caso de un chico que trabaja con la Internet. Él lleva ya parte de la tarde armando la tarea que tenía planeada para aquel día y de repente suena el teléfono. Se trata de sus amigos. Estos le llaman para invitarlo a salir a tomar unos tragos. Entonces pueden ocurrir dos cosas:

a. *El chico deja lo que está haciendo y salga por la puerta a divertirse con sus amigos.*

b. *El chico opta por posponer el encuentro y les diga a sus amigos que los alcanzará más tarde. Entonces él continuará con su trabajo hasta culminarlo, y luego verá si sale o no.*

45

En el primer caso, la interrupción podría resultar muy lamentable, ya que al día siguiente sus ideas ya no serán las mismas. Esto se debe a que habrá perdido el hilo de su labor y hasta es probable que tenga que comenzarlo todo de nuevo, lo que le acarreará una gran pérdida de tiempo y energía. En el segundo caso, habrán ocurrido dos cosas muy importantes. Por un lado, el chico habrá aprovechado muy bien todo su tiempo cumpliendo con lo que tenía pautado para aquel día y, por otra parte, habrá hecho un excelente ejercicio de autodisciplina al fortalecer su capacidad para mantener a raya las tentaciones.

Un detalle que te voy a exponer en referencias a esas tentaciones que pueden alterar tu autodisciplina tiene que ver con los agentes externos, aquellos que intentan persuadirte para que actúes en contra de la ley o por encima de tu ética personal. Sé que no es tu caso, pero igualmente, debo decirte que nada podría perjudicarte más que actuar en contra de tus principios o lo establecido por las leyes. Hacer lo correcto te ayudará a alcanzar más rápido tus metas. A todos nosotros se nos pueden presentar tentaciones a manos de gente que puede llegar a ti pensando que quizá eres una presa fácil de nuestras ambiciones, pero no será así. Si tenemos consciencia y si tenemos la suficiente autodisciplina como para saber decir que "no" de manera asertiva, jamás nos dejaremos arrastrar por tentaciones que puedan atentar contra nuestra paz, nuestra solvencia moral y espiritual y contra nuestra libertad.

Ser autodisciplinado y consciente de lo que es ético para nosotros, así como de las consecuencias que nos podría acarrear al actuar al margen de la legalidad, nos mantendrá a salvo de las dificultades correspondientes a este tipo de caídas. Es preferible estar en paz con nosotros mismos, nuestras familias, Dios y la vida, que arriesgarnos a que todo lo que tenemos se desmorone como un mal elaborado castillo de arena.

3. Cómo construir y mantener la autodisciplina

Toma conciencia de tus debilidades

Lo primero que debes hacer, no solo para ejercitar y mantener tu autodisciplina, sino para todo en la vida, es reconocer cuáles son tus fallas. Aquí me refiero a que identifiques qué es lo que debes intervenir para poco a poco transformarte en una persona autodisciplinada y, en consecuencia, exitosa. Tómate tu tiempo. A veces esto no resulta fácil al no poder ver nuestras fallas de manera instantánea. En muchos casos se trata de un ejercicio de introspección. Hazte las preguntas correspondientes: en qué estoy fallando? ¿qué es eso que estoy haciendo para que mis metas se trunquen? ¿en qué nivel se estanca mis metas? ¿al principio, a mitad de camino o en una etapa avanzada? Esto último es importante porque te ayudará a ver en qué momento es que surgen esas fallas. Puede ocurrir que comiences muy bien, pero que luego caigas en el desánimo y abandones tus proyectos. De ser así, se trataría entonces de una mala gestión en tu fuerza de voluntad. Es posible también que simplemente te cueste arrancar, aunque una vez comenzado el camino no haya nada que te detenga. En este caso, simplemente te estaría costando romper con la inercia de inacción. Identifica esto para que luego logres atacar tus conductas saboteadoras en el tiempo correspondiente.

Comienza con actividades sencillas

Es muy importante que a la hora de ejercitar tu autodisciplina inicies con tareas muy simples. Por ejemplo, si no tienes el hábito de fregar los platos inmediatamente después de comer, pues esa puede ser una de las tareas para comenzar a ejercitar tu autodisciplina. De la misma manera, pueden servirte otras labores caseras que no acostumbras a hacer a tiempo. Administrar tu horario de comida también serviría. Hacer el esfuerzo de comer a las horas que te establezcas es un ejercicio de autodisciplina.

Después podrás dar un paso adelante realizando actividades más arduas, esas que te costarán un poco más, como, por ejemplo, reparar una cerca o pintar una habitación. Más tarde, te resultará fácil realizar actividades que en algún momento te demandaban gran esfuerzo. Toma en cuenta que pasar a atender estos pendientes tal vez implique cambios positivos para tu vida.

En el caso típico de alguien que quiere perder peso y piensa para ello únicamente será preciso hacer unos cuantos cambios en su dieta diaria, es muy probable que no le servirá de nada acometer esa dieta rígida y baja en calorías que suponga eliminar casi todos los carbohidratos de la noche a la mañana. Imaginemos el caso de una persona poniendo en marcha su nuevo régimen alimenticio optando por regalar todo el contenido que hay en su nevera y alacena para luego dirigirse al supermercado más cercano y comprar vegetales y carnes magras. Hasta ahí, todas sus buenas intenciones lucirán estupendas. Pero lo que esta persona no toma en cuenta es que el cambio que está a punto de enfrentar será muy brusco, tomando en cuenta que jamás en su vida ha ejercitado su autocontrol de ningún modo, incluyendo su rutina alimentaria. Capaz logre perder bastantes kilos. Mediante un esfuerzo superhumano logrará mantenerse dentro del régimen el tiempo suficiente como para bajar considerablemente de peso. Sin embargo, atormentado(a) por sus deseos de dulces y harinas, esta persona volverá tarde o temprano a caer en la tentación e irá directamente a comer todo eso que consumía en sus días de indisciplina, y con esto iniciará un retroceso o recuperación de todos esos kilos que había logrado perder.

La persona de nuestro ejemplo fracasó en su intento de bajar de peso porque para ejercitar la autodisciplina es necesario ir paso a paso, comenzando por exigencias más ligeras que requieran menos esfuerzos y supongan cambios más suaves, para luego pasar a las que demandan de un esfuerzo medio. Más adelante, llegado el momento, se puede pasar a los esfuerzos más grandes. De esta manera, será posible alcanzar una buena y óptima autodisciplina que nos permita apuntar de manera fructífera el alcance al éxito.

Actívate con prontitud

Otra cosa que debes tener presente para activar y conservar tu autodisciplina es evitar que transcurra demasiado tiempo entre el momento en que pensaste realizar algo y el momento en el que lo llevaste a cabo. Si se trata de una tarea sencilla como, por ejemplo, organizar unas carpetas de trabajo, no dejes que transcurran más de veinte minutos entre el pensamiento y la acción. De esta manera estarás ejercitando tu autodisciplina y estarás procediendo de modo que el éxito se ubique más cerca del alcance de tu mano.

Si en cambio, se trata de un emprendimiento que por su naturaleza requerirá de un lapso mayor, tal vez meses, plantéate el alcance de tu meta en términos reales. Para ello deberás pensar previamente qué acciones asumirás dentro de ese plazo (abrir una cuenta bancaria, llamar a alguien, hacer una agenda, organizar la papelería) a fin de lograr tu fin. Acomoda todos los detalles que tengas dentro de tus planes en la mayor brevedad posible.

Gestiona tu inspiración

No se trata de ser impulsivo (a), se trata de que aproveches esa con fuerza inicial que te dará la energía suficiente para iniciar un plan. En este sentido, hay algo que debes tomar en cuenta, y es que esa fuerza interior que te motiva al iniciar no es eterna. Esta se irá agotando a medida que vaya transcurriendo el tiempo, así hasta que se disipe por completo y ya no tengas esa motivación que te habría servido como el combustible necesario para alcanzar tu meta. Esa fuerza a la que llaman "inspiración" está ahí para que la administres. En otras palabras, para que la emplees de manera productiva y eficiente hasta que se agote. Luego deberás hacer acopio de la fuerza de voluntad, elemento fundamental para alcanzar el éxito. Es por eso que esa fuerza inicial que se agota con los días debes aprovecharla al máximo.

Cuando te mencionaba sobre tomar conciencia de tus debilidades, me refería también a que es importante ubiques el instante justo en el que se te agoten tus baterías. Entre que se te ocurre la idea y la acometes, deberás detectar cuándo comienzas a perder las ganas de seguir adelante. Es ahí justamente cuando debes hacer uso de tu autodisciplina. Ese es momento de actuar y trabajar, aunque no tengas ganas. Todo dependerá de la autodisciplina con la que cuentes, de qué tanto lo la has ejercitado y de cuánta fortaleza te aportará para poder continuar hacia tu meta.

Trabaja con eficiencia

A la hora de fortalecer y mantener tu autodisciplina, es muy importante que comprendas que alcanzar el éxito no implica necesariamente trabajar duro ni reventarte de sol a sol hasta el agotamiento. Se trata más bien de trabajar con eficiencia.

Te preguntarás entonces, ¿qué es eso de eficiencia? Pues bien, la eficiencia es un concepto muy diferente al concepto de eficacia. Mientras que la eficacia implica la habilidad o capacidad que tiene un sujeto para lograr o alcanzar un fin, la eficiencia es algo mucho más avanzado porque tiene que ver con alcanzar ese mismo fin, pero con el menor esfuerzo posible. De eso precisamente se trata la autodisciplina. Si actúas con autodisciplina, tendrás un mayor rendimiento por tu esfuerzo y, de paso, tendrás más tiempo de sobra.

Esto se trata de actuar con inteligencia y organizarte rápidamente, tomar decisiones con prontitud o buscar gente inteligente para que trabaje para ti o contigo. Por ejemplo, Si en tu emprendimiento necesitas a alguien que sepa de marketing, debes contactar a esa persona genial y hacer el enlace correspondiente con ella.

He conocido emprendedores que ante el temor de ser superados por su competencia evitan hacer enlaces con expertos demasiado brillantes. Ese es un error muy común que hace que una empresa se conduzca de un modo mediocre hasta que, finalmente, se vea aplastada por esa competencia conducida por emprendedores que sí hicieron alianzas con personas más inteligentes que ellos.

A propósito de la inteligencia, es preciso que tomes en cuenta que básicamente existen dos tipos de inteligencia. Tal vez hayas escuchado hablar de la inteligencia emocional. Pues, bueno, esa inteligencia emocional es la que tú debes cultivar en ti mismo (a) para conseguir el éxito que buscas. Déjale a los demás la inteligencia académica, ese otro tipo de inteligencia, la cual indudablemente es sumamente útil, pero no necesaria para ser un emprendedor exitoso. Para esto, lo que se debe tener es mucha inteligencia emocional o también llamada inteligencia interpersonal, que tiene que ver con la capacidad de entender y responder de un modo acertado ante las emociones, los caracteres y los requerimientos de los demás.

Está claro que este tipo de inteligencia no se adquiere estudiando ni tiene que ver con destrezas técnicas ni títulos universitarios, pero sí está conectada, en cierto modo, con la autodisciplina y todo lo que esta implica.

Algo muy distintivo de la inteligencia emocional, es que la misma no está contemplada ni en los títulos universitarios de una persona ni en sus éxitos académicos. Pero sucede que este tipo de inteligencia sí tiene que ver con los logros que cada ser humano tendrá en su vida dentro del ámbito financiero, íntimo y social. Por tanto, este tipo de inteligencia tendrá un impacto directo con tu felicidad.

Entonces, volviendo a la idea inicial. Actuar con eficiencia para alcanzar el éxito no tiene nada que ver con la capacidad de análisis, el acervo de conocimientos o las destrezas técnicas. Enfrentar situaciones, situarse en los contextos con eficiencia y emprender exitosamente empresas, tiene más bien que ver con el manejo de las emociones, ya que estás juegan ahí un papel determinante.

Así que no lo dudes, la capacidad de liderazgo de una persona tiene que ver más con su manejo de las emociones que con su récord académico. Es por eso que, a nivel mundial, muchas de las más gran-des empresas están optando por buscar perfiles orientados a un tipo de inteligencia emocional, claro, sin dejar de lado el aspecto técnico. Actualmente, ya se están organizando equipos empresariales basados en estos dos tipos de inteligencia, siendo muy estimados aquellos candidatos que poseen un mejor manejo de las emociones debido a que a la larga resultan ser trabajadores más eficientes y mejor capacitadas para manejarse en puestos gerenciales.

Enfócate

Posiblemente te ha sucedido, que estás caminando por una calle y de repente te cruzas de frente con una persona que llama tan poderosamente tu atención que sientes que todo tu entorno desaparece. Algo parecido sucede cuando te enfocas. Esto se trata de centrar tu atención en algo o en lo que estás haciendo sin que nada ni nadie pueda distraerte. Para profundizar más al respecto, te expondré dos ejemplos. Supongamos que tienes un problema sentimental porque tu novio(a) Tal vez tengas algún problema sentimental porque tu novio (a) no desea saber más nada de ti y eso te tiene terriblemente despechada (o). O puede que tu problema sea de tipo económico, que no tienes cómo pagar la renta y que tu casero te haya amenazado con ponerte de patitas en la calle.

Tu autodisciplina consistirá en no permitir que esos casos u otros similares te distraigan, al menos no mientras estés trabajando en alcanzar tu meta. Si te permites perder el foco de atención, dispersarás tu energía y es muy probable que te extravíes y no logres consolidar tus objetivos.

Si, por otra parte, eres una persona que no se centra porque te dispersas con facilidad, procura ejercitar tu enfoque con tareas sencillas. Por ejemplo, cuando arregles tu casa, hazlo parte por partes. No abandones un cajón sin antes haber terminado con ese espacio que ya habías comenzado. Lo mismo aplica para las habitaciones, termina una en su totalidad antes de comenzar con otra. De esta manera estarás ejercitando tu autocontrol en tu casa, te expondré un poco más sobre este ejercicio de ir parte por parte y sin pausa.

Lo que haces, que sea con pasión

Es prácticamente imposible alcanzar el éxito en algo que no te guste o no te apasione. Es más, resulta muy difícil mantenerte autodisciplinado al hacer algo que no te gusta para nada, y más aún si te están pagando un sueldo miserable por hacerlo.

De manera que lo primordial en todo esto es que todo lo que hagas debe ser con pasión, debe ser una actividad que te guste tanto que incluso estés dispuesto a realizarla sin obtener dinero a cambio. Es decir, que lo harías gratis con todo gusto de ser preciso.

Es el caso, por ejemplo, de algunos artistas que no realizan sus obras para obtener dinero por ellas. Ellos han emprendido su arte con tanta autodisciplina y pasión que, finalmente, lograron el éxito impactando en la vida de otros haciendo lo que más les apasiona. La consecuencia en la mayoría de los casos es el dinero que sus obras les reportan, bien sea a corto, mediano o largo plazo.

Ahora, te voy a dar el ejemplo real de una persona que nació en la más extrema pobreza. Esta, tras dedicarse con pasión y autodisciplina a hacer algo que le apasionaba, logró alcanzar el éxito. Hoy en día es una de las mujeres más ricas e influyentes del mundo. Se trata de una famosa conductora estadounidense de televisión. Para más señas, es afroamericana y natural de Misisipi.

Así es, se trata de la mundialmente famosa Oprah Winfrey. Oprah es exitosa no solo por haber amasado una inmensa fortuna. El éxito de ella reside realmente en que dedicó parte de su vida a hacer algo que le apasiona en extremo logrando impactar en la vida de otros. Esta famosa presentadora nació de una madre soltera y vivió situaciones muy duras y traumáticas durante su infancia y juventud, situaciones de las que logró salir airosa una y otra vez, hasta que, finalmente, un buen día, vio la oportunidad y la tomó con todas sus fuerzas para no soltarla jamás. Oprah había soñado durante toda su vida con trabajar como comunicadora social, cosa que logró y de qué manera.

La carrera de Oprah comenzó cuando ella vivía en Tennessee con su padre, un barbero de muy pocos recursos económicos. En esa época, la chica ingresó a una radio local para narrar noticias de eventos regionales. Oprah tenía entonces 19 años. Su estilo espontáneo, emotivo y vivaz llamó la atención de unos productores de Chicago, quienes le propusieron conducir entrevistas en el horario diurno. Lo demás es historia. Plena de autodisciplina y pasión, Oprah instauró su propia compañía de modelaje y telecomunicaciones con lo cual se proyectó internacionalmente.

No hay duda que es la conductora estadounidense catalogada como una de las mujeres más influyentes, exitosas y adineradas del mundo. Además, es filántropa, ya que aporta importantes ayudas a varios grupos que se han visto beneficiados por las fundaciones y organizaciones dirigidas por esta impactante mujer.

Mantén a raya a los saboteadores.

Otra cosa muy importante que debes hacer con toda esa autodisciplina que dispones es mantener a raya a los saboteadores. Estos son personas, situaciones u objetos que se te presenten para desanimarte o desviar tu concentración. Si el saboteador es un ser humano, no es nada productivo que te le enfrentes, ya que esto implicaría una pérdida de tu valioso tiempo y un atraso de tu trayecto rumbo al éxito. Tan sólo mantén a esas personas fuera de tu ámbito y tu mente para que puedas dedicarte tranquila y plenamente a lo tuyo.

En caso de que el saboteador en cuestión sea una persona cercana a ti, alguien que pareciera empeñada en desinflar tus sueños y desviarte de tu camino al éxito, no es necesario que lo destierres de tu vida, tomando en cuenta que en ocasiones se trata de gente querida, pero que debido a sus miedos personales te hacen comentarios que podrían llegar a sacarte de tu autodisciplina o la ruta que previamente fijaste. Para estos casos, tan solo debes tomar la postura de mantenerlos a raya. Abstente a compartir con ellos los ratos afectivos inherentes a la familiaridad que los une, pero no les comentes ni los inmiscuyas en tus proyectos.

Según Bernardo Samateas, el autor del bestseller "Gente tóxica", existen diferentes perfiles de personas que tienen como costumbre, misión o naturaleza sabotear y arremeter en contra de las metas y planes de los demás. En la parte correspondiente a la autodisciplina interpersonal, te expondré con claridad sobre los perfiles de estas personas y qué es lo que hacen para infectar tus metas. Pero ya te voy adelantando que ser un saboteador también perjudica a quien así se comporta. De modo que en un próximo apartado voy a ser un poco fuerte contigo para que analices bien si tú mismo (a) estás o no cayendo en este tipo de conducta que desvía tus energías y te alejan del éxito.

Ejercita la autodisciplina del silencio

Una cosa muy importante que debes ejercitar con autodisciplina es tu capacidad para hacer silencio. Sí, así como lo lees. Y no se trata de que te metas a monja o monje de clausura y hagas un voto de silencio. Primero se trata de que analices si eres un "contador compulsivo", de esos que no se pueden guardar nada ante nadie. Si desafortunadamente das positivo ante tu autoanálisis, pues es preciso que comiences a fortalecer tu capacidad para cerrar la boca.

Es cierto que hay ocasiones que es procedente comentes tus planes. Uno nunca sabe cuándo te puedes llegar a topar con alguien que pueda aportar algo que sea útil para alcanzar tus metas, pero sucede que no siempre es así. La mayoría de las veces las personas no solo no te aportarán nada, sino que podrían apuntarte con uno que otro dardo envenenado, atentando así contra tu acceso hacia el éxito. Recuerda que hoy en día con el auge de las redes sociales a tan solo el alcance de un clic cientos de individuos podrían llegar a enterarse de todos tus planes. En síntesis, hay cosas que deberías mantener en el cerco de tu más pequeña intimidad.

Supongamos, por ejemplo, que van a invertir una suma de dinero en la compra de una maquinaria que ya no se encuentra en el mercado y está a bajo precio en un almacén ubicado en el lado oeste de la ciudad. Supón que en lugar de ir a comprarla se lo comentas a la chismosa de tu localidad, una amiga que tienen en común tú y tu competencia comercial. ¿Qué crees entonces que ocurrirá? Con toda seguridad, tendrás que emprender una gran carrera si es que quieres adquirir el artefacto antes que tu competencia, y eso porque no tuviste la autodisciplina suficiente como para hacer silencio.

Como te lo he venido repitiendo, siempre debes comenzar con una práctica suave. Si eres un comentarista compulsivo que no puede callarse nada, comienza callando eventos pequeños y sin importancia, como, por ejemplo, la última película que viste o el último capítulo de tu serie favorita. Detente ante ese amigo o amiga a quien mueres por contarle ese dato en cuestión y simplemente habla de otra cosa o tan solo escucha.

Es vital que te ejercites en el arte de hacer silencio, y no solo respecto a todo lo que tenga que ver con tu negocio y tus finanzas, sino también en lo que toca a aspectos familiares, amicales o de pareja. Con la práctica de ejercitar el arte de ser más reservado (a), muy pronto experimentarás cambios muy sutiles en tu vida. Créeme que muchas veces, nuestras energías se disipan cada vez que comentamos nuestras cosas, sobre todo aquellas que tan solo nos interesan a nosotros mismos y a nuestros seres queridos más cercanos.

Promueve tu resiliencia

Dentro del fortalecimiento de tu autodisciplina y en función de encaminarte hacia un éxito bien planeado, es recomendable que tomes en cuenta la resiliencia. No olvides que es normal que transitemos la vida en medio de eventuales pérdidas y cambios, los cuales, naturalmente, nos van a causar dolor, angustia y estrés. Lo cierto también es que todos tenemos un grado de capacidad de recuperación ante las adversidades. Eso es lo que llamamos resiliencia.

El término resiliencia realmente viene de la ingeniería, y tiene que ver con la capacidad que posee un material para retomar su forma original luego de haber sido sometido a una presión. Imagina una lámina de plástico que es doblada entre dos personas hasta el máximo, tanto así, que da la impresión de que se va a partir por la mitad, pero al ser soltada la lámina retoma su forma original sin mostrar señal alguna de que fue sometida a ese estrés.

Lo mismo aplica para las personas. Todo el mundo posee un rastro de resiliencia. Lo vemos tras los desastres naturales, cuando las personas lo pierden todo, pero, luego del estrés natural, ellos retoman sus vidas y vuelven a plantearse metas o reactivan sus planes con el mismo empuje de antes.

Pero sucede que no todo el mundo tiene un alto nivel de resiliencia. Por ejemplo, hay quienes tras ser despedidos de sus empleos caen en depresión de la cual tardan en recuperarse más tiempo de lo normal. Igualmente, hay personas que no se recuperan de las pérdidas o cambios con facilidad, así como hay quienes al sufrir un traspié en algún emprendimiento simplemente se deprimen y caen en una autodescalificación sin lograr reponerse jamás por lo que terminan abandonándolo todo.

Lo bueno es que con la suficiente autodisciplina una persona puede llegar a activarse de manera óptima. Eso es gracias a la cualidad tan necesaria para el triunfo que es la resiliencia.

La autodisciplina debe entonces estar respaldada por varios ajustes en nuestras vidas, uno de ellos es enfocarte en el aquí y el ahora. Para ello es preciso que te mantengas ocupado (a), evitar permanecer inactivo (a) tan solo mascullando hechos pasados. Tampoco pierdas tiempo pensando en cómo vendrán las cosas en el futuro. Autodisciplina tu mente en este sentido, será importante a la hora de emprender tu camino al éxito, ya que es probable que te sea útil a la hora de que te sobrevenga una caída.

Otro ajuste que te ayudará a elevar tu resiliencia es habituarte a escribir sobre tus sentimientos. El doctor Luis Rojas, autor del libro "Más allá del once de septiembre", asegura que el escribir sobre el trauma y describir imágenes traumáticas, acto que el experto llama "escritura emocional", ayuda a trasladar todo lo acumulado en la memoria visual y la memoria verbal, lo que ayuda notablemente al individuo a liberarse de la presión y previene a que se enquisten los recuerdos. En los estudios realizados por este experto en torno a la eficacia de la escritura emocional, se obtuvieron conclusiones muy alentadoras dejando en evidencia que dentro de un grupo de estadounidenses afectados por los hechos del 11 de septiembre, el 80% de los que escribieron sobre sus sentimientos se recuperaron mucho más rápido del trauma y el estrés causado por estos terribles actos terroristas.

Lo otro que puedes hacer para activar tu resiliencia, sobre todo cuando te encuentres en un estado de estrés, es relativizar la situación. Esto consta en pensar en qué sucedería si en lugar de eso que te está ocurriendo tuvieras que pasar por otra circunstancia menos deseable o peor a la que transitas. Aunque te parezca algo extraño, esta práctica te va a ayudar a superar la angustia, y te dará más fuerza para enfrentar aquello que estás atravesando, ya que, desde el punto de vista de esa otra situación, lo que sufres tal vez ya no te resulta tan grave.

Otra recomendación dirigida a facilitar la expresión de tu resiliencia es hacerte preguntas realmente útiles. El preguntarte "por qué", generalmente, no te va a aportar ninguna solución, sino que más bien puede ocasionar a que caigas en la autovictimización. En otras palabras, no es conveniente que caigas en el círculo interminable de preguntarte "por qué a mí", "por qué me pasó esto", "por qué la gente se comporta de este modo", etc,. etc. Más bien hazte preguntas útiles como "qué puedo hacer para resolver esta situación", "por dónde puedo comenzar para activarme nuevamente", etc.

También es muy útil elevar tu resiliencia haciendo cosas que te hagan reír. Mira películas cómicas, tipo comedias románticas, habla con personas graciosas, busca por la Internet videos hilarantes, chistes, música. La risa es infalible para ayudarte a acelerar tu recuperación tras situaciones de estrés. Ten presente que al reír, liberamos endorfinas, distendemos el diafragma y relajamos la musculatura en general.

4. La autodisciplina interna

La autodisciplina interna

Por dónde comienzo (Comienza contigo mismo)

Si algo debes tener muy en cuenta cuando se trata de la autodisciplina, es que todo comienza en la mente. En ese sentido, crear una autodisciplina mental es determinante si es que realmente deseas activarte hacia el éxito. En tanto, la autodisciplina implica que debes ser selectivo con tus pensamientos; en este caso, procurar que esas conversaciones que tienes contigo mismo (a) dentro de tu cabeza sean positivas. Esto redundará contundentemente en tus emociones, los cuales también definirán el curso de tu éxito.

No olvides que lo que creas en tu realidad es siempre producto de lo que piensas. Es decir, todo eso que supuestamente "te ha ocurrido", previamente lo visualizaste en tu mente, luego en tus emociones y, finalmente, se expresó en tu realidad. Por eso es que resulta tan importante ese recurso para crear tu autodisciplina rumbo al éxito.

En este punto, seguramente te estarás preguntando qué puedes hacer para que tus pensamientos sean convenientes. Lo siguiente es que te voy a indicar unas cuantas prácticas que podrías realizar para ejercitar tu autodisciplina a nivel mental.

Deja de quejarte

Sobre todo, deja de quejarte a nivel mental. Claro que esto no se trata de que dejes de ser crítico, que veas todo color de rosa y no te permitas identificar las circunstancias negativas. Se trata más bien de que al notar circunstancias inconvenientes, no dejes que las mismas te dominen o te controlen. Por ejemplo, tú puedes saber y tener en claro que estás corto de dinero y es importante que seas consciente de esto porque, en virtud de que lo tengas presente, sabrás que es preciso que te administres bien. Pero cuando controles tu mente tienes que procurar centrarte en eventos positivos, en lo bien que te están resultando las cosas, lo agradable del clima, etc. Activa tu mente en torno a los acontecimientos positivos que se encuentren en tu entorno en lugar de atormentarte mentalmente. Ese es un ejercicio básico para que logres fortalecer tu control mental.

También es necesario que no permitas que las lamentaciones de ajenas te controlen. No se trata de que te alejes del resto, particularmente si se trata de familiares, tu pareja o amigos muy queridos. A lo que me estoy refiriendo es que no te "enganches" con esas situaciones dramáticas. Bien sabes que eso te expone a pensar en negativo, lo cual bajará la energía que requieres para lograr tus cometidos. Para alcanzar el éxito, debes tener el suficiente autocontrol como para evitar que tu entorno te altere. Seguramente ya tienes claro que vas a necesitar de toda tu fuerza y una mente muy clara para alcanzar tu merecido éxito.

Sé el dueño de tus actos

Procura siempre actuar con cabeza fría. Cuando se te presente una oportunidad, permítete tomar un tiempo prudencial antes de dar el paso correspondiente. Así serás tú quien tome el control de la circunstancia y no te dejarás llevar por lo que te indica el resto. De igual forma, no actúes por puro impulso ni permitas que alguien te perturbe. Lo peor que podría llegar a sucederte es que seas afectado por tus propias emociones. Antes de dar un paso importante, pregúntate a ti mismo (a) si vas a actuar desde tus emociones o desde tu mente.

No es que las emociones no sean importantes. Lo son, pero a la hora de una toma de decisión, y más aún cuando otro esté mortificando tus emociones, es preferible que sea tu mente la que tome el mando de la situación.

Recuerdo aquella ocasión en la cual fui víctima de una estafa. Aunque esa vez no había sido una víctima de la mala. Para mí yo había permitido que otra persona se aprovechara de mí al dejarme llevar por mis requerimientos básicos y primarios, en lugar de pensar con claridad. Eso fue hace aproximadamente diez años atrás. Me encontraba en una situación económica terrible. Tenía muchas necesidades en mi hogar. Por entonces tenía un trabajo que, aunque me daba ciertas gratificaciones personales que me permitía ayudar a otros, absorbía gran parte de mi tiempo y no generaba lo suficiente para mantener a mi familia. De veras que me apasionaba mucho ese tipo de trabajo. Lo otro era que tenía miedo de renunciar y quedarme sin nada. Así que no me había permitido visualizar esa opción. Pues bien, el asunto fue que una mañana llegó hasta mi lugar de trabajo un señor ya mayor, tal vez de unos setenta años. Se trataba de un anciano que tenía un requerimiento que debía solucionarle, lo que era parte de mi trabajo. Él venía a diario para atenderlo. Cierta mañana, me comentó que él trabajaba para un comerciante de alimentos. Me dijo también que ya que lo había ayudado tanto podía hablar con su jefe para que me vendiera una buena provisión de víveres a muy buen precio. Recuerda que para entonces no tenía dinero suficiente, así que no lo pensé dos veces y pedí un préstamo. Dentro de mi emoción desbordada, lo único que atiné a razonar fue que yo no me podía perder esa tremenda chance.

Días después me encontré con el señor en el lugar acordado. Él me pidió el dinero que recuerdo cargaba en una bolsa porque, según el sujeto, el dueño le había exigido que la suma acordada fuera en efectivo. Antes de seguir con mi relato, te diré algo. Para ese entonces habré dicho unas cientas de veces que me parecían muy tontas las personas que caían en estafas, solían ser personas muy ingenuas y desorientadas. Pero aquella tarde yo me dejé llevar por mi emoción, ese miedo de no poder cubrir las necesidades de mi familia. No pensé con cabeza fría la situación. Me dejé abrumar por mis problemas. Entonces, tras el intercambio de dinero, el estafador no me miró a los ojos, no me dijo nada más, tan sólo me pidió el dinero y se perdió por un pasillo para no volver jamás.

Esto te lo he referido para que tengas más claridad lo que significa ser dueño de tus actos, Debes tener el control de la situación y pensar con serenidad para que no seas víctima de tus propias emociones.

No temas salir de tu zona de confort

Algo que debes hacer a nivel interno para alcanzar el éxito, es tener el suficiente control mental que te permita aceptar los cambios. Ten en cuenta que los cambios son parte intrínseca de la vida. De manera que no aceptarlos es negarse a la naturaleza misma de la creación.

Desde que nacemos hemos estado expuestos a diversos cambios, Por ejemplo, nuestro cuerpo se transforma constantemente, miembros de nuestra familia se marchan y nuevos llegan, nuestro entorno evoluciona, nos mudamos, nos despedimos de unos y conocemos nuevas personas. Y así continuamos durante toda la vida. Es una transfiguración que nunca termina, es parte del crecimiento del ser humano. Aunque, por supuesto, tenemos muy en claro que también somos seres de hábitos, nos sentimos cómodos con aquello que nos resulta familiar. A todo esto, parte del control mental que necesitamos tener para el logro del éxito consiste en saber que los cambios son naturales y necesarios, así que, llegado el momento, debemos tomar la decisión de salirnos de la conocida zona de confort, algo que definitivamente no es confortable.

Si es que te sientes apegado (a) a tu zona de confort y has estado invernando en ella por mucho tiempo, hazte la siguiente pregunta: ¿Realmente me siento cómodo(a) en mi aparente zona de confort? Dudo mucho que así sea. Vivir paralizado(a) en tu zona de confort implica un gran miedo. Sí, miedo a asumir el riesgo, miedo a equivocarte, a fallarte a ti mismo(a) o a otros. Esto explica el por qué algunos se mantienen refugiados en su zona de confort. Muchas de estas personas no saben lidiar con sus sentimientos de culpa, es por eso que permanecen en el mismo lugar en una angustia aparentemente plácida, llenos de un estrés latente y silencioso, frustrados, rumiando pensamientos de fracaso y, de paso, culpándose a sí mismos diariamente por la falta de coraje que tienen. Entonces, vuelvo a la pregunta: ¿es realmente confortable la llamada zona de confort? Piénsalo bien, cabe la posibilidad que tú te estés perdiendo las mejores oportunidades de tu vida por permanecer temerosamente aferrado (a) a la mal llamada zona de confort.

Todos los días haz algo para ti

Para fomentar tu autodisciplina a nivel interno, es muy importante entrenarte en el uso y la costumbre de auto complacerte. Con esto me refiero a tomarte en cuenta que te dediques unos minutos de cada día a hacer algo por ti. Por ejemplo, tomar un café o un helado, arreglarte las uñas, exfoliarte tu piel. Todos los días debes decirte a ti mismo (a), y al universo que eres importante, que te amas y eres merecedor (a) de cosas buenas como ese café o helado que te tomas, o esa exfoliación que tanto disfrutas y te satisface. Establece esto como parte de tu rutina diaria. Que forme parte de tu itinerario o tu agenda personal el mimarte unos minutos diariamente. Dale las gracias a tu cuerpo por estar sano(a), dale las gracias a Dios por las cosas buenas, por tu capacidad de disfrutar. Bien sabes que disfrutar los regalos de Dios es una manera de darle las gracias.

Encausa tus miedos

Está claro que el miedo es un mecanismo de defensa que se encuentra en los animales y me atrevería a decir que hasta en las plantas. De manera que el miedo no es que sea algo "malo" o conveniente, lo que sucede es que cuando el miedo aparece en nosotros para alertarnos de un peligro, sino que nace como una alerta a nuestros prejuicios, creencias o circunstancias, este nos paraliza y baja nuestras energías. En esas situaciones, el miedo es innecesario resulta inconveniente.

Es ahí cuando debemos ejercitar y hacer uso de nuestro autocontrol, porque de ningún modo debemos permitirnos que el miedo trunque el alcance de nuestro éxito.

A propósito, ¿qué es exactamente el miedo? Pues no es otra cosa que una emoción que surge ante la idea de que estamos en peligro, sea futuro o presente, real o imaginario. El miedo está fuertemente ligado a la angustia y la ansiedad, y cuando es extremo, se le llama terror y puede convertirse en fobia cuando es incontrolable hasta el punto en que el estado de pánico podría producir ideas de huida.

A partir de eso es que un miedo podría interponerse entre tú y el éxito. Por lo tanto, es importante tener la suficiente autodisciplina para controlarlo. Por ejemplo, supongamos que una persona tuviera fobia a las multitudes ¿Te imaginas entonces lo terrible que sería para esta persona exponer algún emprendimiento al ser incapaz de hablar ante un auditorio lleno de gente? Supón que el éxito de un sujeto tiene que ver con atravesar el Amazonas, pero resulta que esta persona tiene fobia a los insectos. Y así ejemplos como estos hay miles. ¿Pueden ser superables? Sí, siempre y cuando haya una buena disposición de la misma persona para controlar esos miedos extremos.

Te voy a mencionar algunas acciones que podrías llevar a cabo para controlar tus fobias, pero te recuerdo que en todo caso debes actuar con mucha convicción y autodisciplina.

a. Identifícalo

Recuerda que siempre lo primero que hay que hacer es averiguar de qué se trata eso que desear erradicar, en este caso, tus miedos. Lo más probable es que ya lo sepas. De no ser así, entonces analízate bien. Por ejemplo, si le tienes miedo a las arañas, revisa si a lo que le temes es a algo relacionado con la textura de estos insectos, o las telarañas, el veneno, etc.

Muchas veces, estos miedos extremos o fobias van asociados con miedos de menor envergadura. Por ejemplo, puede ocurrir que alguien les tenga fobia a los murciélagos y que, asociado a esta, la misma persona le tema en un menor grado a la oscuridad. En este caso, la persona podría comenzar primero que nada a enfrentar su temor más pequeño. Recuerda lo que siempre te he dicho con respecto a esto de la autodisciplina; siempre hay que empezar por lo más leve.

b. Analiza los impedimentos

Una vez que hayas analizado tus miedos, piensa en lo que esta condición te puede impedir hacer. Es decir, razona qué actividades no eres capaz de acometer por causa de este miedo extremo que resulta paralizante para ti. Es claro que todos los miedos nos impiden hacer alguna cosa, así que es por ahí por donde puedes comenzar a proyectarte mentalmente haciendo eso que no te atreves a realizar debido a tu miedo. Por ejemplo, si le tienes miedo al mar, visualízate en la playa. Imagínate tocando el agua con la punta de tus dedos, luego ve visualizándote más adentro hasta que, finalmente, sientas el vaivén de las olas en torno a tu cuerpo.

c. Intenta afrontar tu miedo

Esto no es tan fácil, pero créeme, es totalmente posible. La mejor y más efectiva manera de afrontar un miedo es haciendo contacto con el objeto, elemento o circunstancia que te lo produce. Así que trata de comenzar poco a poco. Si lo que te da miedo es hablar en público, empieza por grupos muy pequeños. Inicia leyendo ante tu familia y amigos. Pídeles que te ayuden en esa práctica. Elige un tema y suéltate hablando entre aquellos con quien tienes confianza. Luego ve aumentando el número de personas hasta que por fin hayas superado tu miedo de hablar ante el público. Si es otro tipo de miedo como la fobia a las cucarachas, comienza enfrentándote a fotografías de cucarachas pequeñas. Inicia con imágenes de baja resolución. Finalmente, atrévete a mirar y tocar imágenes más grandes y nítidas.

Razona que el miedo tan solo es una emoción basada en un hecho ilusorio. Conversa esto contigo mismo (a), piensa que la situación, animal o circunstancia en cuestión, realmente no es peligrosa, y que nada te va a suceder al entrar en contacto con aquello que te atemoriza.

De cualquier manera, si sientes que no puedes afrontar ese miedo y además te impide realizar cosas que son muy importantes para ti, lo mejor que puedes hacer es acudir a un terapeuta especializado. Eso sí, hazlo lo antes posible. No dejes que esta condición, que bien podrías llegar a controlar con o sin ayuda, dependiendo de cuál sea tu caso, te límite o incluso llega a truncar tu llegada hacia tus metas propuestas.

Controla tus nostalgias

Para algunas personas es natural vivir en nostalgia, pensando y recapitulando constantemente en lo que dejaron atrás, tiempos en los cuales, según ellos, eran más felices. Y así transcurren todos sus días hasta el fin. Pero, te cuento algo, si tú deseas ser una persona exitosa, es preciso que tengas el control mental que te permita mantenerte centrado en la actualidad.

En muchos casos, es un ejercicio que exige bastante disciplina, porque vivir en nostalgia es una costumbre muy arraigada en el colectivo. Esta es una de las razones por las cuales tantas personas viven empobrecidas y no logran ser felices. Es preciso ejercitar la mente llevando nuestros pensamientos una y otra vez hacia temas que tengan que ver con acontecimientos recientes o actuales. Por ejemplo, así podrías hablar de las posibilidades de emprendimientos que existen hoy en día en tu país o ciudad de residencia. No te conectes con conversaciones "prehistóricas", escucha música contemporánea que sea de tu agrado, anímate haciendo ejercicio y compartiendo con personas con distintos intereses y diversas formas de pensar. Amplía tu mente, intercambia opiniones y enriquece tu experiencia hablando con gente de otras culturas, ingresa a clubs de lecturas, círculos literarios o grupos con los que tengas algo en común.

Si eres del tipo de persona que se mantiene en un estado nostalgia permanente, tal vez es porque no has terminado de soltar aquellos acontecimientos vividos en tu adolescencia, cuando tenías más libertad y menos responsabilidades, lógicamente, debido a tu edad. De ser así, tal vez hoy en día pienses que todo lo del pasado fue perfecto, y que es por eso que cuando te enfocas en hechos que ya quedaron atrás te sientes bien. Está bien creer eso o recordar de vez en cuando, pero, te diré algo, no se trata de que saquemos de nuestras memorias nuestro pasado, se trata de que no vivamos en ella, porque entonces estaremos gastando nuestras energías en algo que ya pasó y que, en consecuencia, ya no existe.

Y te diré más aún, los recuerdos son imágenes subjetivas. Los acontecimientos del pasado cuando llegan a nuestro presente vienen de manera tergiversadas a causa de las emociones. Es el caso típico de los antiguos amores de verano. A esa chica o chico especial que fue nuestro primer amor, solemos traerlo a nuestras mentes como si se tratara de un modelo perfecto. Claro, estamos viendo todo aquello, con los lentes del enamoramiento que nos embargaba por entonces. A propósito, tengo un ejemplo muy cercano de alguien que solía vivir en nostalgia siempre con la mente puesta en su lejana adolescencia.

Ya en sus treinta años, Alicia aún lucía como una veinteañera. No era que su rostro no hubiera madurado, sino que ella continuaba vistiéndose como en su juventud. Escuchaba música de aquellos años y prácticamente no había hecho nuevas relaciones, no estaba casada o había tenido hijos. Sus únicas amistades a quienes ella catalogaba como hermanos, eran aquellas que había cultivado cuando aún era una chica. Alicia tenía un trabajo que detestaba, llevaba ahí años y se refugiaba en la idea de que algún día se jubilaría. Sólo entonces, según ella, tendría chance para ser feliz.

Durante su adolescencia, Alicia tuvo un novio llamado Miguel. No tuvieron mucho tiempo de noviazgo porque un día la familia de Miguel se marchó a otro país. Pasaron muchos años sin que Alicia volviera a tener noticias suyas, sin embargo, ella guardaba todas las cartas que el muchacho le había enviado, así como las que ella misma le había escrito a él. También tenía en una caja todos los regalos que el chico le había hecho, así como algunas prendas de vestir y, cosa insólita, un mechón de encrespados y cobrizos cabellos de Miguel.

Pasaron los años y Alicia estaba rondando sus cuarenta cuando unos chicos inventaron algo muy exitoso, esa globalizante red social que es el Facebook. Como podrás imaginarte, cuando Alicia abrió su cuenta, se pasó meses buscando a Miguel por su nombre y apellido, luego pasó a intentar con sus sobrenombres en el tiempo de escuela..., hasta que finalmente lo encontró. Cuando ella vio la gran foto de su príncipe azul agrandada en su ordenador personal, estuvo a punto a caerse hacia atrás desmayada. Miguel continuaba viviendo en otro país, se había casado, estaba muy sonriente y con cuatro hijos, dos de ellos de la misma edad que tenían Alicia y él cuando eran novios. Adicionalmente, el hombre tenía un considerable sobrepeso y, para completar, en su cabeza no había ni el más lejano vestigio de ese mechón de cabellos cobrizos que la enamorada atesoraba en su cajón, porque con el pasar de los años el ex adolescente mudó su cabellera por una calva tan lisa y brillante como un bombillo.

Aquello fue muy duro para Alicia, pero realmente constituyó para ella el principio de su nueva vida. Algo se movió dentro de ella y comenzó a plantearse cambios importantes. Fue entonces cuando de la noche a la mañana la mujer dejó entrar a su entorno gente distinta a las personas que conoció en su adolescencia. También comenzó a plantearse metas y, por supuesto, dejó su trabajo para lanzarse con coraje a la acometida de sus nuevos retos.

Alicia se dio cuenta del tiempo y las energías que había estado desperdiciando al vivir recordando su adolescencia, así que se vio precisada a fuerza de un solo golpe a hacer uso de una buena dosis de autodisciplina para abandonar su viejo hábito de vivir anclada en el pasado.

Piensa como ganador

En todo aquello que decidas emprender, siempre reconocerás dos tipos de escenarios: uno donde ganas y otro donde pierdes. Así que nunca trates de obviar la posibilidad de perder. Claro que la idea es que no te "veas" en ese lugar. Nuevamente, aquí se trata de enfocarte en el escenario correcto. Tienes que visualizarte ganando con todos tus laureles. No olvides que lo que proyectas en tu mente es lo que finalmente vendrá hacia ti. Si haces ese ejercicio con la firmeza que se requiere, entonces ten por seguro que será lo que atraigas hacia ti. , Proyéctate como ganador con todos tus premios y logros por delante. Y si en la realidad los acontecimientos resultan siendo diferentes a lo que te imaginaste, debes de seguir pensando como ganador. En ese caso deberás sentirte como ganador de una nueva experiencia que te servirá de motivación para retomar con fuerza un siguiente intento. Esto también tenlo en cuenta a la hora de asumir un riesgo. Lánzate al proyecto o cambio con mente de campeón. Solo así tendrás muy cerca de ti la posibilidad de un éxito rotundo.

No veas tus fracasos como una pérdida

No hay mayor fuente de aprendizaje que los fracasos. De hecho, es parte del control mental el saber asumir los fracasos como aprendizajes en lugar de verlos como derrotas. Esto te permitirá perseverar, y bien sabes que la perseverancia es fundamental para el logro de tus metas.

Te cuento que un tío mío muy querido, es famoso en la familia porque, para asombro de todos, él hace dinero tan fácil como para cualquier mortal es fácil freír huevos. Al respecto, solemos bromear diciendo que mi tío es una suerte de rey Midas, ya que todo lo que toca lo convierte en oro. Pero sucede que en tres ocasiones – que yo recuerde – los negocios de mi tío se vinieron abajo. En esas ocasiones, él parecía haber quedado en la bancarrota. Lo maravilloso del asunto es que, en cada ocasión, antes del transcurso de un año, mi tío había logrado recuperarse y sus negocios volvieron a ser tan prósperos como antes.

Con cada caída, mi hermoso y querido tío se fue fortaleciendo de conocimiento y autocontrol. Es por eso que en todas esas ocasiones sus negocios han florecido de una manera tan destellante.

Aprovecha el estar a solas contigo

Esos ratos de soledad pueden llegar a convertirse en momentos de crecimiento interior. Esto se trata de estar en silencio, sin interrupciones, y lejos de los ruidos de la vida cotidiana. Son en esos instantes cuando puedes disfrutar meditando, escuchando tu música preferida, o simplemente conversar a solas contigo mismo(a), planear tus nuevos retos, organizarte mentalmente. Durante la soledad puedes aprovechar a implementar tu autodisciplina mental. Ese es el momento por excelencia para poner en orden tus ideas, reconocer tus fallas y decirte a ti mismo(a) cuánto te falta para alcanzar tu siguiente meta.

En esa soledad silenciosa también puedes aprovechar a meditar unos minutos. En principio, meditar consiste en procurar poner tu mente en blanco, cosa que no resulta nada fácil, pero el activarlo servirá como un maravilloso ejercicio de autocontrol. No es necesario que medites durante mucho tiempo. No eres un monje tibetano ni nada por el estilo, y no tienes tan desarrollado el poder de la meditación como esas personas que dedican gran parte de sus vidas a eso. Medita durante unos minutos. Esto será suficiente para relajar tu mente, y prepararla para continuar con tus pensamientos de manera más relajada y en control.

No pienses tanto, actívate

Controla tu mente hasta el punto en que ella no te sumerja dentro de aquellos pensamientos que te alejan de la acción. Cuando se te ocurra una idea, no lo pienses demasiado; actúa. Esto no se trata de dejarte llevar por un impulso, se trata de que una vez que hayas generado el plan y que lo hayas pensado en frío, ya no será necesario que dejes pasar el fuego inicial, tan sólo pensando en cada aspecto y en todos los pros y los contras una y otra vez. Una vez pensado, aplaca un poco tu mente y actúa.

He conocido personas llenas de ideas maravillosas, pero algunas de estas pueden llegar a pasar semanas, meses y hasta años enteros planeando y armando un plan que nunca llevarán a cabo. Estos mismos a veces se hacen llamar soñadores. Pero en realidad se trata de personas que no arrancan, no tienen la autodisciplina suficiente como para comenzar. Son gente que no saben o no pueden salir de esa inercia inicial que hay que romper para comenzar. En estos casos, la falta de autodisciplina los mantiene con una baja fuerza de arranque para tomar acción. Lo ideal en estos casos es comenzar a fortalecer esa autodisciplina de arranque asumiendo acciones simples y sencillas. Es casi seguro que el desenvolvimiento de esas personas en sus hogares carece de dicho arranque, así que podrían iniciar con el ejercicio de ordenarse en sus hogares.

Si es tu caso, levántate siempre temprano. El modo cómo comienzas tu día crea la pauta de tu arranque. De manera que ejercitarás tu autodisciplina de arranque desde el momento en que abras los ojos. No lo pienses, no te des media vuelta, no duermas cinco minutos más, simplemente levántate. También es bueno que te actives en esos pequeños trabajos domésticos, que, aunque simples, te parecen fastidiosos hasta el punto en que llevas más de un año sin hacerlos. Igualmente, puedes practicar hablando con quienes no sueles hablar nunca. El tendero, tu suegra, o algún hermano poco comunicativo. Actívate, hazlo, aunque no te apetezca, comienza cosas que tenías olvidadas. Así estarás ejercitando tu autodisciplina de arranque.

Controla tu romanticismo

Los sueños son importantes, pero no es nada práctico sumergirse en un mundo ideal en donde los problemas no existen y todo es perfecto. Debes estar consciente de que es probable que te topes con uno que otro obstáculo. Si abordas tu plan desde una visión romántica, es muy probable que cuando surja la primera disyuntiva te desanimarás y perderás el ritmo hasta el punto que decidas abandonarlo todo.

En el ejercicio del autocontrol interior debes estar preparado para las caídas, de manera que también deberás estar preparado para asumir el esfuerzo que requerirás para levantarte.

Es por eso que no me cansaré de repetirte que debes comenzar por cosas sencillas. Afronta esas pequeñas complicaciones consciente de que ello te ayudará a fortalecer tu autodisciplina en un mundo en donde hay subidas y bajadas. Por ejemplo, cuando conducimos por una vía durante una hora de mucho tráfico, debemos afrontar esta imperfección del día consciente del beneficio que le brindará a nuestra autodisciplina. No te quejes ni te lamentes, mantente sereno(a), escucha algo de música o simplemente contempla el paisaje mientras conduces a plena hora de alto tráfico y fuerte calor. Igualmente, cuando se te presenten otras dificultades por el estilo, asúmelas como pequeñas pruebas que tendrás que ir superando. Y es de esa forma que te harás más fuerte e irás dándole la información a tu cerebro indicándole que el mundo no es perfecto, pero que tú puedes superarlo todo.

5. Autodisciplina para tu casa

Autodisciplina para tu casa

(Organízala)

"Vivir con menos pertenencias es volver a la esencia,
no solo en la vida sino también en casa".

Marie Kondo

Tu casa, tu extensión

Tal vez te haya sucedido que estás en tu casa, miras a tu alrededor, y de pronto te dan ganas de salir corriendo a la calle. A todos en algún momento nos ha sucedido eso, y es que muchos de nosotros no tenemos conciencia de lo importante que es el orden del hogar, el cual nos ayudará a que las cosas nos salgan bien producto de la armonía que nos brinda. Claro está, si tu casa es un completo desastre, es muy probable que no sentirás ganas de arreglar, limpiar y acomodar todo ese reguero. He ahí donde debes comenzar a activar tu autodisciplina en materia de algo tan importante como lo es tu propia casa.

Tener tu casa en orden – me refiero al aspecto físico de la misma – va a repercutir en tu armonía personal, tus pensamientos y, desde luego, también en tus emociones. Se trata de promover un ambiente de paz y placer que al propiciar en ti un adecuado estado de ánimo, elevará de manera efectiva y vertiginosa tu vibración energética. Ya debes saber por mis publicaciones anteriores que todo lo que nos rodea es energía, y que, en virtud de eso, si vibramos alto, el universo nos enviará en consecuencia circunstancias que impliquen prosperidad, paz y alegría.

Toma en cuenta además que con tu casa en orden todo estará al alcance de tu mano. De esta manera que no perderás el tiempo en búsquedas y cavilaciones, y las cosas fluirán para ti de un modo más rápido. ¿Pero por dónde comenzar? Supongamos que tu casa es un desastre total, una cosa extrema. Al verla, a veces tienes la impresión de que pasó por ahí un tornado o que acaba de explotar una bomba atómica justamente en medio de tu sala. En ese caso, lo primero que debes hacer es proyectarte. Cierra tus ojos y mírate a ti mismo(a) feliz dentro de tu hogar en perfecto orden. Disfruta eso, respira profundo, sonríe y marca esa intención comenzando por tu tarea inicial, la cual tal vez no sea la más fácil de llevar a cabo, pero es necesaria comenzar para liberar los espacios. Me estoy refiriendo a deshacerte de todo lo que te está estorbando.

Saca todo lo que no te haga feliz

En su libro "La magia del orden", Marie Kondo nos explica que debemos "guardar solo lo que nos da alegría". Esta maravillosa japonesa experta en organización doméstica hace énfasis en que, ante la duda de si deberíamos conservar o no algo, es preciso que nos hagamos la siguiente pregunta sin titubeos: "Does its park joy?". Es decir, si el objeto en cuestión verdaderamente nos da alegría o no. Ante una negativa de nuestra parte, no deberíamos dudarlo ni por un momento, lo mejor será que saquemos eso de casa.

Recuerdo la ocasión en la cual le comenté eso a Lucía, una de mis mejores amigas. Le dije que debíamos sacar de casa lo que no nos hiciera realmente felices. Entonces ella me miró con duda y me dijo que no comprendía muy bien ese asunto. Según me comentó, los objetos eran para ella cosas prácticas, así que le bastaba con que le resultaran útiles, de modo que, si un objeto no la hacía feliz, pero le resultaba útil, ella no dudaría en conservarlo. Mi amiga no entendía cómo era posible que un objeto inútil le diera felicidad. De manera que, según ella, de lo que debíamos deshacer era de todo lo que no nos sirviera para nada. Como a mí me gusta comprobarlo todo, le sugerí a Lucía que hiciéramos un experimento en su propia casa. Entonces le pedí que tomara entre sus manos la vieja batidora de su tía Elena y le pregunté si ese útil objeto que ella utilizaba para hacer todos los pasteles de cumpleaños de su familia le daba felicidad. Lucía tomó el artefacto y, créeme, lo vi en su rostro. Aquel útil y viejo objeto realmente le daba felicidad a mi amiga. Para comenzar, aquello había sido un obsequio que le había dado su tía favorita ya fallecida. Esa batidora además había acompañado a Lucía en la elaboración de todos los pasteles familiares, así que no había duda, aquel artefacto debía ser conservado.

"Te da felicidad, amiga"; le dije, a lo que ella me recalcó que la motivación para conservarlo era que le resultaba muy útil. Entonces íbamos una a una mi amiga y yo. Estábamos en empate. Proseguimos el juego. Luego tomamos un jarrón feísimo que utilizaba para guardar lápices, pequeñas notas y demás pequeños objetos que estuvieran tirados por la casa. Lucía se tomó unos segundos y yo vi su sonrisa de oreja a oreja antes de que ella misma me dijera "esto es inútil, debo deshacerme de él". Yo le remarqué que el motivo para sacarlo de su casa era que no le daba felicidad, cosa con la que ella estuvo totalmente de acuerdo. Por segunda vez, quedamos en empate. Después tomé de un cajón de la cocina una tetera muy linda, esta era de cobre. Era un objeto que Lucía y su marido habían comprado juntos antes de casarse. El detalle era que Lucía no tomaba té, pues le causaba congestión intestinal. Así que ni ella ni su esposo utilizaban aquella tetera, pero ahí la tenían, como una apreciada joya familiar atesorada dentro de uno de los cajones de la cocina. La expresión de Lucía fue todo un poema, ella realmente era feliz con aquella bonita tetera que jamás utilizaba.

De más está decir que fui yo quien gano la contienda. Lucía era feliz cada vez que se topaba con la pequeña tetera de la cual no se deshizo. Más aún, a partir de esa tarde, la tetera permanece en el estante central de la cocina como el más feliz de los adornos de la casa de mi amiga.

La práctica de sacar todo aquello que no nos esté reportando felicidad debería ser una constante en nuestras vidas, y no se trata solo de las cosas materiales. Una buena parte de ese autocontrol al que aspiramos consiste en también bien sacar de nuestras vidas prejuicios errados, actitudes basadas en el ego y hasta personas tóxicas que tan solo son capaces de aportarnos circunstancias inconvenientes. Ahora, la idea es comenzar por deshacernos de cosas materiales, en este caso, los utensilios innecesarios de nuestro propio hogar. Esto es coherente en relación con el ejercicio del autocontrol para el éxito, porque desprenderte de los objetos es más sencillo que hacer lo mismo con tus actitudes, ideas o con la gente. Ya te hablaré más adelante sobre esto cuando te haga referencia al autocontrol interpersonal.

En todo caso, la organización de tu casa es un importante

ejercicio de autocontrol porque te va a permitir tomar decisiones en frío y en función a tus verdaderos requerimientos personales. Piensa en las veces que te has negado a deshacerte de esas cosas que detestas, pensando que tal vez en unos años llegarás a necesitarlas. Hacer este ejercicio de despedirte de todo aquello que no te gusta ni te brinda emociones alegres es una forma de actualizarte o decirle adiós a aquello que no quieres en tu vida. Toma en cuenta que con esto estarás haciendo tres cosas al mismo tiempo. Por un lado, estarás despejando espacios en tu casa. Por otra parte, le dirás adiós al pasado y a ese miedo a cambiar, por el cual todos solemos atravesar en alguna que otra oportunidad dentro de nuestras vidas. No olvides también que es de esa manera que podrás ejercitar ese autocontrol que es tan necesario para el logro de nuestros éxitos.

Hazlo todo de una sola vez

Una vez que hayas sacado de casa todo aquello que, en palabras de Marie Kondo, no te hacía feliz, ya verás que todo será automático. Sentirás un gran alivio porque, por una parte, habrás elevado energéticamente tu casa y, por otro lado, te sentirás más en armonía, a lo que el universo te va a responder con una buena dosis de paz y optimismo.

Será entonces, cuando deberás aprovechar el impulso. No lo dejes para más tarde. Plantéate una tarea sencilla y ejecútala. Eso sí, hazlo todo de una sola vez. Si empiezas organizando una habitación, no la abandones hasta terminar de ordenarla. Finalizado una, empiezas por otra. Y así, sucesivamente. Pueda que sea pesado dado que al ir ordenando una, la otra se desordena más. Pero toma en cuenta que tu energía se habrá activado desde la organización de tu casa al seguir esa rutina de hacer orden de un solo tirón o sin posponer. Es obvio que no lo terminarás en un día, pero retómalo al día siguiente. Es decir, sigue arreglando los días siguientes que necesites hasta alcanzar el orden.

Recuerda que en el ejercicio de tu autocontrol siempre deberás comenzar por lo más simple. Se trata de un fortalecimiento, así que, si aún no tienes la "musculatura" suficiente para acometer algo grande, comienza por lo pequeño. De esta manera no te abrumará la situación, circunstancia que podría resultar inconveniente, ya que es muy probable que entonces termines abriendo la puerta para salir a toda carrera de ese derrumbe. Luego podrás continuar con el resto, hasta que veas tu casa y sientas tu energía con una vibración mucho más liviana.

Si en tu caso lo más sencillo es comenzar por ese gabinete que parece un agujero negro inexplorado e inhóspito que te lleva a una pequeña dimensión, pues comienza por ahí. Suponiendo que ya sacaste todo lo que "no te hacía feliz", continúa con este segundo paso: clasifica. Si se trata del estante en donde tienes tus enseres personales, coloca las cremas con las cremas, los perfumes con los perfumes, las espumas con las espumas. Si se te ha pasado algo en el paso anterior, tal vez una crema vieja que ya no estés utilizando, aprovecha y deshazte de ella. Lo siguiente será acomodar. Siguiendo con la recomendación de Kondo, realízalo de manera vertical, en donde cada uno de los productos pueda estar a la vista y al alcance directo de tu mano.

Complementando lo señalado líneas más arriba, una buena estrategia para ejercitar tu enfoque es que termines una habitación para luego comenzar con la siguiente. Pero, eso sí, una seguida de otra. Tienes que hacerlo sin interrupciones. Es probable que te sientas tentado(a) a saltar para dejar una parte para la semana siguiente porque llegó el sábado y se te provoca descansar. Si lo haces así, se dispersará la energía y, créeme, tus buenas intenciones terminarán siendo un intento fallido. Organizar tu casa de un tirón resultará para ti un estupendo ejercicio de autodisciplina. Ya cuando te vayas a dedicar a otras actividades, tu "musculatura de autodisciplina, dirigida a centrarte y concluir la tarea que te dispongas, estará fortalecida de modo que podrás que podrás realizar cualquier otra labor con facilidad.

Accesibilidad

Como te dije, al momento de organizar debes colocar tus cosas de manera que queden a tu vista y alcance. De lo contrario, todo aquello que esté debajo o atrás quedará en el olvido o, peor aún, esas cosas se encontrarán en un lugar tan intrincado que deberás remover todo lo demás para alcanzarlas.

Recuerda también que en las mañanas no vas a tener tiempo para rebuscar, remover y reordenar tus cosas. La idea es simplificar tu trabajo para que todo fluya de manera armoniosa y el tiempo te rinda mucho más.

Un tip que puedes considerar para ordenar tu ropa lo brinda Marie Kondo. La autora propone el doblado vertical para el caso de prendas pequeñas y medianas. A mí esto me resulta genial porque llegué a perder la ropa de mis niños, y ya te imaginarás cuánta tienen, pues crecen como la hierba. Hubo un tiempo que tenía toda la ropa apilada una sobre otra y me abstenía a utilizar solamente las que me quedaban a la mano.

Ahora, hay personas que opinan que cualquier tipo de doblaje les arruga mucho la ropa y es un problema cuando se trata de apilar la ropa interior doblada. Muchos de seguro dirían que la propuesta de Marie da resultado solo en hogares japoneses, en los cuales los espacios son sumamente reducidos. Sin embargo, no dejo de recomendarte que dejes de probar el doblado vertical. Te repito que a mí me ha resultado esta superbuena opción.

Toma en cuenta que no solo Marie y yo pensamos lo mismo, hay muchas opiniones a favor del doblado vertical. Igual, a fin de cuentas, es mejor que tener toda una montaña de ropa arrugada.

Involucra a los niños en el orden del hogar

Es muy importante que los más chicos de la casa tomen parte de esta tarea que es la organización de la casa. No solo porque así sentirás un alivio en tu carga, sino porque también estarás inculcando a que en un futuro los más pequeños tengan desarrollado su autocontrol para llevar a cabo ciertas tareas, a pesar de que no tengan ganas de hacerlas. Es obvio que ellos preferirán salir al jardín a jugar, ver televisión o entretenerse con su videojuego en lugar de organizar sus juguetes, ropa o libros. Para eso es que debes estimularlos de manera sabia a que se incorporen y tomen estas responsabilidades como parte de sus rutinas diarias. Esto les creará hábitos y a la larga también les elevará la autoestima, ya que se sentirán protagonistas y ejecutores de las tareas familiares.

Adecúate a la edad de los chicos.

Es bueno que comiences a adiestrar en el orden a tus hijos desde muy temprano. Te en cuenta que nunca es tarde para hacerlo, sin embargo, se sabe que la mejor edad para que se instalen los buenos hábitos es entre los tres y los siete años.

Durante esta edad, los niños deben comenzar a recoger y organizar sus juguetes. También pueden colocar abrigos en ganchos que estén a su alcance, colocar platos —mejor que sean los plásticos- en la mesa a la hora de comer y botar objetos en el cesto de la basura.

A los cinco años, el pequeño ya debería ordenar su habitación, ayudarte a doblar la ropa, llevar una bolsa liviana de compras, ayudarte a barrer y colaborar con la preparación de emparedados y preparaciones frías.

A los seis y ocho años, debe atender a la mascota, servir bebidas, cambiar el rollo de papel higiénico, regar las plantas, pasar la aspiradora, fregar los platos, contestar el teléfono y botar la basura.

Entre los ocho o diez años, el chico ya debería ayudar a lavar el carro, pasear al perro, organizar las gavetas y ayudar a lavar la ropa.

Entre los once y trece años, el chico debería comenzar a usar la cocina con supervisión, planchar su ropa, hacer compras menores y cuidar a sus hermanos pequeños.

A partir de los catorce, el muchacho debería comprar su propia ropa bajo tu supervisión, ayudar a hacer las compras de la casa, realizar arreglos menores, ayudar a pintar las paredes, cocinar bajo supervisión cualquier alimento, utilizar herramientas y hacerle arreglos al jardín.

No pierdas de vista la organización de tu casa. Dentro del ejercicio del autocontrol para el éxito, toma en cuenta que tu casa es una extensión de ti mismo(a), no sólo desde el punto de vista práctico al tratarse de tu remanso y refugio, sino también desde el punto de vista emocional, mental, y por ende, energético.

6. Autodisciplina interpersonal

Autodisciplina interpersonal

No trates de agradarle a todo el mundo

No hay nada que desgaste más que vivir buscando complacer todo el tiempo a los demás. Buena parte del control mental que es preciso para alcanzar el éxito consiste en darte el justo valor como persona. Debes respetarte a ti mismo (a) y a tus criterios. Cuando alguien habla para complacer a otro o toma una actitud en función de una opinión ajena, se está diciendo mentalmente que su persona no tiene ningún valor, que todo el mundo es más importante respecto a si mismo(a) y que, por lo tanto, lo que opine, no importa para nada.

Si es tu caso, no lo dudes, es por ahí por dónde debes comenzar para lograr tu autocontrol, porque una persona sin criterio no puede alcanzar el éxito jamás. Tal vez al principio te resulte un poco difícil, sobre todo si estás acostumbrado a darle la razón a todo el mundo por encima de ti. En este sentido, te recomiendo que comiences con estas prácticas que te voy a exponer a continuación y puedes aplicarlas hasta que logres cambiar este aspecto de tu vida.

No temas decir no

William Ury expuso una muy sabia frase que voy a compartir contigo "Decir "no" significa, ante todo, decirse "sí" a uno mismo y proteger aquello que uno valora."

Cada vez que deseas decir "no", pero dices "sí" tan sólo para complacer a otro, estás contribuyendo a que tu vida sea un absoluto caos. Imagínate, cada persona que te rodea tiene un criterio y muchos de ellos son contrarios; en tanto, tú ahí, justo en el medio, en una eterna inercia diciéndole sí a todos para que estén contentos contigo. Si es tu caso, que no te extrañe que tu vida haga explosión o que tú mismo(a) explotes de un momento a otro.

Si estás acostumbrado(a) y ya agarraste el impulso inercial de decirle sí a todo, debes ejercitar el control mental interno para comenzar a decir que no. Desde luego, al principio esto te resultará sumamente difícil y te sentirás culpable cada vez que le digas no a alguien, pero es necesario. Por otra parte, a la gente de tu entorno también le va a costar adaptarse a ese "nuevo tú" que es capaz de responder negativamente a sus requerimientos. Ellos también están acostumbrados a tu viejo proceder. Es por eso que tienen la costumbre de recurrir a ti cuando necesitan algo, sabiendo que nadie en el mundo les dará o hará algo por ellos.

Supón que esa persona que depende de tu "sí" se trata de tu hermana. ¡Sí, sí, sí!, tú quieres mucho a tu hermana, pero es que no se trata de eso. Tú no estás dejando de quererla por el hecho de negarte a cumplir todos sus deseos. En tanto, te aseguro que ella tampoco dejará de quererte por solo decirle no cada vez que sea necesario. Imaginemos que ella siempre deja contigo a su bebé; sí, claro, tu sobrino. Es una costumbre que hace desde que el pequeñín nació. Sin previo aviso, ella va con toda seguridad hasta tu casa, cargada con todos los enseres del niño, el biberón y los pañales, las toallitas desechables y hasta el botiquín de medicinas por si le llega a darle algo a su pequeñín en su ausencia.

Ahora, ponte en la situación que en una noche particular tú ya tienes planteada una cita importante. Es importante porque se trata de una persona que realmente te agrada y es posible que de esa cita surja una relación o, en su defecto, una bonita amistad.

En ese caso, ¿qué harías tú?

a. Llamarías a la persona de tu cita para posponerla, diciéndole que te surgió otro compromiso que no es otra cosa que cuidar a tu sobrino.

b. Te sabotearías a ti mismo (a) y ante tu incapacidad para tomar una decisión le mentirías a ambas partes fingiendo estar enfermo (a), por lo que realmente terminarías solo (a) en tu casa, frente al televisor y sintiéndote muy mal.

c. Le explicarías a tu hermana que ya tienes otros planes y que en esta ocasión no vas a cuidar al bebé, así que la despacharías, te terminarías de arreglar y saldrías por la puerta a tu grato encuentro.

En caso de que tu opción sea la **"a"**, es decir, que hayas preferido posponer tu cita para complacer a tu hermana, pues es necesario que hagas el ejercicio de autodisciplina de decir no cada vez que tus propios intereses así lo requieran. Medita sobre todos los ámbitos de tu vida, tu vida amorosa, ingresos, vida social, familiar, etc. Te aseguro que las cosas no van muy bien que digamos. Esto es porque no te estás dando un justo valor. De seguro ya te enteraste de que a nivel energético te mantienes en un estado vibratorio muy bajo. Por otro lado, si tú eres una persona incapaz de negarse a nada, simplemente no eres digno(a) de confianza. Es como si tuvieras un letrero en la frente que dijera: "Estoy disponible para que abuses de mí" Y otro a tus espaldas con el mensaje: "No soy una persona confiable". Claro, te estás mostrando como alguien fácil y sin criterio propio.

Si elegiste la opción **"b"**, tal vez la cosa sea más complicada . Eres capaz de afectar tu organismo con tal de no negarte a cumplir los deseos de los demás. Créeme que lo he visto. Se trata de una típica persona que vive enferma, un ser que somatiza sus miedos y angustias. Así que, en lugar de afrontar su temor a perder un afecto o ser desaprobado (a) por los demás, se enferma hasta el punto en que se ve afectado (a) por una patología autoinmune, y hasta por algún tipo de cáncer.

Si tu opción es la **"c"** o elegiste decirle no a tu hermana, respetando tu plan inicial y tu verdadero interés, pues felicitaciones, tú sí que posees el pleno control de ti mismo (a), eres asertivo (a) y con seguridad todos los aspectos de tu vida te dan constantes satisfacciones. Es muy probable que te esté yendo estupendamente en el plano sentimental, familiar y, por supuesto en lo financiero.

Como ves, es importantísimo ejercitar la autodisciplina de decir no para que pueda irte bien en cada una de las áreas de tu vida. Así que comienza desde ahora mismo con ejercicios pequeños, desde decir no a personas extrañas (las que menos te importan) hasta decirle no a tus seres más queridos.

Pide directamente lo que quieras

Debes tener en cuenta que nadie tiene una bola de cristal para saber qué es lo que tú deseas de él o ella. Hay muchas personas que, definitivamente, no son nada asertivos a la hora de solicitar algo de alguien, no piden directamente las cosas, sino que le dan una o varias vueltas al asunto hasta que se dan a entender, o al menos creen ellos que se dan a entender.

Mantente alerta sobre tu forma de comunicarte, porque el ser asertivo y saber pedir las cosas de manera directa es una actitud que puede llegar a marcar la diferencia entre el éxito y el fracaso. Lleva la cuenta de cómo te comunicas con los demás. Para esto comienza con lo más sencillo. Por ejemplo, si estás con tu pareja y deseas que te alcance un vaso con agua, ¿cómo lo pides? ¿Acaso dices algo así como "tengo sed"? En ese caso, no estás pidiendo lo que deseas de forma directa, lo que podría traer como consecuencia una serie de confusiones. Por una parte, tu pareja ha escuchado que tienes sed, pero no puede adivinar si tú deseas que te alcance un vaso con agua, si deseases levantarte y buscarla tú mismo (a) o si lo que quieres no es agua, sino un refresco o alguna otra bebida. De manera que es posible que la persona en cuestión optará por no alcanzarte el agua, ya que no sabe realmente qué es lo que tú quieres. En tanto, estarás confundido(a), pues interpretarás la inacción de tu pareja como una descortesía de parte de él o ella, lo que podría conllevar a algún resentimiento y un efecto de retaliación o deseo de venganza.

Si te encuentras en busca de tu éxito personal debes tener presente que tu comunicación debe ser directa y asertiva. Parte de tu autocontrol consistirá en manejar tu lenguaje de acuerdo con lo que tú realmente quieres, para así hacerle conocer a los otros el mensaje que le estás enviando.

Ten presente la diferencia entre ayudar y complacer

No se trata de que dejes de hacer cosas por el bien de otras personas, se trata de que no centres tu valor, en el hecho de que complazcas o no a los demás. Ciertamente, es muy noble dar la mano a quien lo necesita, pero, aun así, debes saber que es necesario ser selectivo. No se trata de complacer, sino de ayudar.

Puede ser que en una ocasión alguien te pida dinero prestado y que tú sepas que él o ella utilizará ese préstamo para comprar una bebida alcohólica. Si esa persona mantiene una vida desordenada y no hace nada por sí misma más que beber, esa no será precisamente una ayuda para él o ella. Tú podrás complacerlo (a), pero de ningún modo la estarás ayudando. Ten entonces la autodisciplina suficiente como para saber distinguir un caso de otro, ten conciencia de la diferencia entre complacer y ayudar. Si, por el contrario, un amigo te está solicitando un préstamo porque desea comprar una herramienta de trabajo para comenzar un emprendimiento, eso es distinto. Ahí sí lo estarías ayudando y con toda seguridad verías recompensado tu gesto.

Identifica las conductas saboteadoras

Sea como sea, siempre te vas a topar con personas que lejos de poder aportarte algo se te presentarán como potenciales saboteadores. Si te descuidas de estos al no tener la autodisciplina suficiente, entrarán en el ámbito de tu vida desestructurando tus planes. Mucho cuidado, porque también es posible que tú mismo(a) estés cayendo dentro de estas conductas inadecuadas que desviarán tus esfuerzos y bajarán notablemente tus energías. De un modo u otro, te voy a mencionar cuáles son las tipologías a propósito de la clasificación propuesta por Bernardo Stamateas, el creador del libro "Gente Tóxica". Su clasificación me parece muy adecuada y, definitivamente, te podrá resultar muy útil. A continuación, pasaré a comentarte cada uno de estos tipos desde mi punto de vista.

a) Los inculpadores

Se trata de aquellos que tienen el hábito de culpar a los que no dejan de lado asuntos propios para ocuparse de los asuntos de ellos. Estas personas son manipuladoras por naturaleza. Ellas manejan tu sentido de responsabilidad y tus creencias para hacer que hagas lo que deseen.

Dejarte arrastrar por un inculpador puede llegar a traerte graves consecuencias a todo nivel, no solamente en el ámbito de tus planes y proyectos profesionales, sino también en tu ámbito familiar o relación de pareja. En general, esta gente puede arremeter contra tu felicidad si es que tú lo permites.

Los recursos que emplean estas personas para manipularte son muy variados. Algunos son expertos en el arte del silencio. Ellos simplemente dejan de hablarte y si tú tienes fallas en tu autodisciplina y no razonas ni tienes conciencia de lo que está sucediendo, caerás víctima de su manipulación sintiéndote culpable y acorralado(a) por ese silencio sentenciador. Otra de las técnicas empleadas por estas personas es la expresión facial. Muy a menudo, esa práctica y el silencio van de la mano, pues resulta que no hay nada más contundente para una persona frágil que tiene un pobre autocontrol que un gélido silencio acompañado de un mal gesto.

Los inculpadores también suelen tener el hábito de sacarte en cara lo que alguna vez hicieron por ti. Tal vez en una ocasión llegaron a hacerte un favor, pero, ojo, es probable que haya sido un favor calculado. Es el caso típico de esas personas "superbuenas" que andan por ahí ofreciendo hacerle favores a todo el mundo para luego valerse de esto a fin de poder manipular perversamente. Cuidado, estos individuos suelen ser inculpadores profesionales que viven a la caza de las potenciales víctimas de sus "apoyos".

Debes estar muy atento(a) ante la presencia de este tipo de personas. Si no se trata de un familiar o un ser querido, simplemente mantenlo alejado, ya que resultan desgastantes y siempre pretenden que tú emplees en ellos la energía y el tiempo que requieres para avanzar hacia tus metas.

En cambio, si se trata de alguien muy allegado a ti, pues tal vez en principio no te resulte fácil no acceder a sus constantes demandas y a sus dardos cargados de culpa. Es por eso que deberás hacer un esfuerzo aún mayor de autodisciplina para escuchar sus recriminaciones sin ceder al acoso de sus demandas. Te aseguro que después de las primeras arremetidas, al notar tu cambio, esa persona en cuestión se dará cuenta de que ya no conseguirá nada de ti y optará por apuntar hacia otro lado.

b) El envidioso

Hay algo positivo con respecto a este punto. El envidioso es muy fácil de identificar. Para comenzar, se trata de una persona fracasada. El envidioso pasa tanto tiempo y dedica tanta energía a sus vacuas emociones que no puede, aunque lo desee, alcanzar sus metas. El envidioso lo deja todo para después, no tiene confianza en sí mismo y, generalmente, ni siquiera tiene claras sus metas. Él o ella, vive pendiente de los demás, más aún si ese otro es alguien muy cercano. Te voy a contar algo que he aprendido a lo largo de mi vida. Es muy poco probable que una persona envidie a quien está muy por encima de él o ella. El envidioso casi siempre apunta sus dardos envenenados contra quien tiene a su lado; es decir, contra su "igual". Ponte a ver las envidias entre vecinos, condiscípulos y, por supuesto, entre hermanos.

La Biblia nos hace mucha referencia a la envidia como pecado. Recuerdo particularmente dos hechos referidos a la envidia fraterna: la muy conocida historia de Caín y Abel, y la de José y sus hermanos. Por si no sabes esta última, José fue vendido por sus envidiosos hermanos a cambio de 20 piezas de plata. Ambas historias son casos terribles de envidia entre parientes.

Lo otro que delata al envidioso es su modo de expresarse. El envidioso siempre critica, es chismoso y es un perfecto opinador. Esta persona se la pasa dándole consejos a todo el mundo. Además, hay algo muy relevante, el envidioso jamás festeja los éxitos ajenos. Fíjate bien en esa amistad a la que le has contado algo muy bueno que quizás lograste con esfuerzo y disciplina. ¿Cómo fue su reacción? ¿Te dijo algo o simplemente cambió la conversación lo más pronto posible dejándote en blanco con tu alegría? Bien lo diría Khalil Gibran: "El silencio del envidioso está lleno de ruidos". El envidioso no brinda halagos.

Fíjate bien, si tú mismo expresas ese tipo de conductas propias de la envidia. No te digo esto para que te sientas culpable, pero sería bueno que te observaras. Mantén una conversación contigo e identifica si sufres de envidia con mucha frecuencia, porque déjame decirte que todos hemos padecido de algún tipo de envidia en una que otra ocasión.

Es importante que sepas si posees este sentimiento de una manera muy recurrente para que te apliques una buena dosis de autodisciplina y erradiques la envidia de tu vida. Se trata de un trabajo interno en el que vas a modificar algunas de las actitudes que has venido asumiendo con los demás.

Por ejemplo, pon atención a tus comentarios, fíjate si te comportas como una persona extremadamente crítica, identifica a quiénes críticas y en torno a qué circunstancias. Si el resultado de tu observación es que te pasas de la raya criticando, ejercita tu autodisciplina. Simplemente no critiques si no tienes nada bueno qué decir. Autodisciplínate en tu silencio. Verifica también qué tan dispuesto(a) estás a celebrar los logros ajenos. Razona que si una persona tiene éxito en algo ha sido porque se lo merece, no es tu problema el trabajo que él o ella haya invertido para alcanzar esa meta.

No importa si al principio debes fingir un poco. Ahora, no se trata de que te sientas hipócrita. Este es un ejercicio para estimular tu autodisciplina. Más temprano que tarde estarás alegrándote con real empatía ante los logros ajenos.

c). El descalificador

Si tú eres de las personas que desperdician horas valiosas de sus vidas descalificando a otros, pues déjame decirte que es momento de que le pongas punto final a esta desagradable conducta. Si hay algo que puede bajar a más no poder tu frecuencia vibratoria y hacer que pierdas tus fuerzas para enfocarte en tus metas, es mantenerte ocupado (a) en el mal hábito de descalificar al resto. Haz uso de tu autodisciplina. Es probable que sientas el poderoso impulso de destruir los logos ajenos con fuertes críticas, pero disciplina tu silencio, no digas nada, a menos que sea para dar alguna opinión positiva.

Es muy típico de muchos padres, quienes nunca se muestran complacidos por los logros de sus hijos y tan solo se centran en descalificarlos. Claro, no lo hacen con mala intención, nadie desea hacerles daño a sus hijos, al contrario. Pero es que en el afán de que nuestros chicos sean mejores, muchas veces no nos damos cuenta de que lo que estamos haciendo es bajarles el ánimo.

d) El sarcástico

Una cosa te aseguro, es preferible decir las cosas directamente que recurrir al sarcasmo. Se trata de una práctica bastante común en quienes se creen más inteligentes que los demás. El sarcasmo es una práctica cruel mediante la cual se hiere al otro sin que él o ella tenga la oportunidad de defenderse. El sarcástico debe emplear su autodisciplina para frenar el impulso de hacer uso de su recurso preferido. Este personaje seguramente lleva años en su práctica, por lo tanto, requerirá de mucha autodisciplina para frenarse a sí mismo (a). Si es que esta es tu costumbre, que se trata de una forma de criticar, pero yendo por la tangente, piensa que esto te hace perder tiempo, ya que, en lugar de emplear tu inteligencia para construir, estás destruyendo a otros que quizás no merezcan de ti ese trato.

e) El falso

Es vital ser uno(a) mismo(a). Sin importar la opinión de los demás, no es posible abordar nuestras metas con pasión ni llegar hasta el éxito anhelado, si no actuamos desde nosotros mismos.

Sea cual sea tu ideología, tu origen o tu manera de pensar, es preciso que no gastes energías en falsificarte. El mostrarnos tal cual somos, en algunos casos requerirá de una autodisciplina a toda prueba. Comienza aceptándote, diciéndote lo hermoso (a) y maravilloso (a) que eres siendo así. También es positivo que te reúnas con gente que comparta tu modo de ser o que tenga tú mismo origen o idiosincrasia. Llénate de amor propio, subraya ante ti mismo (a) tus potencialidades y todo aquello en lo que sobresales. Para tener una correcta actitud ante el mundo y una adecuada autodisciplina, es necesario mostrarnos a los demás tal como somos.

f) El mediocre

Bien lo dijo la madre Teresa de Calcuta: "El milagro no es que hagamos un determinado trabajo, sino que estemos contentos de hacerlo". Esto tiene que ver con nuestros logros personales nunca deben ser medidos por las expectativas de otras personas. Cada uno tiene sus propios dones, todos tenemos un talento especial, algo que con toda seguridad nos apasiona hacer. Pues es ahí precisamente donde debemos apuntar para alcanzar el éxito.

Si hacemos algo que no ha nacido de nuestra propia pasión y en su lugar estamos realizando cosas para seguirle la corriente a los demás o complacer a otra persona, lo más probable es que logremos hacerlo, sí, pero dentro de los límites de la más absoluta mediocridad. Es decir, en términos grises, al hacer eso lo hacemos sin disfrutarlo y además no creamos impacto en nadie.

No importa la edad que tengas. Nunca se es demasiado joven ni muy viejo para ir en busca del éxito, siempre que sepamos que el camino que emprenderemos nos llenará de alegría. Por eso, a veces hay que hacer uso de la autodisciplina para romper con esquemas que no nos satisfacen o inclusive para hacer cambios en nuestras vidas mediante actividades que una vez nos gustaron, pero que actualmente ya no tanto, debido a que cambiamos de idea.

No se trata de que seamos inestables, se trata de que como seres humanos que somos siempre estamos y estaremos en movimiento. La vida es una búsqueda que nunca termina, al menos no mientras estemos respirando.

g) El impulso del chismoso

Hoy en día, en plena era de las redes sociales, el ser chismoso es más peligroso que nunca. Quien cae en esta vieja costumbre no solamente puede llegar a arruinar una vida, sino también podría echar por la borda todas sus oportunidades de éxito, bien sea en un ámbito personal, financiero, sentimental o familiar.

Por tanto, es muy importante mantenerse en autodisciplina antes de marcar el "enter" y enviar algún comunicado nocivo, en especial si se trata de un grupo de chat. Si vas a reenviar algo, la cosa podría resultar peor aún. Esos mensajes, generalmente, pueden tratarse de chismes con un trasfondo oculto cuya fuente no conoce nadie, solo el que lo creó. Ten entonces la disciplina necesaria para manejarte de la manera más correcta posible en el escenario de las redes sociales. Recuerda que, aunque los chismes siempre han sido dañinos, hoy en día el impacto de estos podría llegar a un resultado catastrófico.

h) El perfeccionista

Ser exigente puede ser una característica muy positiva para el alcance del éxito, pero, como seguramente sabes bien, los extremos suelen dar malos resultados. Es necesario que conserves un poco de flexibilidad dentro de tus parámetros de exigencia. Si tu tendencia es a ser perfeccionista, toma conciencia de esto y plantéate ser un poco más flexible. Claro, no se trata de que vayas hacia el otro extremo y te conviertas en una persona desordenada y llena de improvisaciones. Busca un término medio; es decir, no trabajes sin planificarte, plantéate bien una agenda, trabaja con meticulosidad y orden, pero de vez en cuando date un respiro. Sáltate uno que otro renglón cuando de repente te haya surgido una idea mejor. Haz el cambio de plan sin que esto te cause angustia. Ante la adopción de esta reforma, como siempre, comienza con detalles pequeños, administra bien tu autodisciplina y toma tus descansos tan en serio como tomas tus actividades de emprendimiento.

Cuando te encuentres disfrutando de la vida junto a tu familia, no pienses en tu agenda, disfruta de la compañía de tus personas favoritas, relájate. Y si cometes algún error y te estás sintiendo culpable, enfócate en remediarlo en lugar de gastar energías repensando al respecto.

7. Autodisciplina ante el proyecto

Autodisciplina ante el proyecto

1. Elige algo que te apasione

Es posible que se te presente la oportunidad de embarcarte en un proyecto. Supon que alguien te propone montar juntos un negocio en sociedad. Esa persona te pinta la idea como maravillosa, porque, claro, a él o a ella le apasiona muchísimo poner en pie ese proyecto. Imagínate que se trata de una fábrica de pantalones. Pero sucede que ese emprendimiento no te llama para nada la atención. En su lugar, tú mueres por cocinar, mejor aún si se trata de pastelería. Pero sucede que te sientes tentado(a) por la oferta dado que tu amistad es muy confiable y, de paso, a ti realmente te agradaría trabajar con esta. Además, sería esa amistad la que aportaría el capital, así que en apariencia todo pareciera llegarte en bandeja de plata.

Sin embargo, surge la coincidencia que también te dan la oportunidad de emprender en una pastelería comenzando desde lo pequeño. Empezarías haciendo panes en un minúsculo establecimiento que te están ofreciendo en alquiler. El local ya incluye los utensilios y maquinarias necesarias para empezar a trabajar. Piensa entonces por un momento: ¿qué opción escogerías tú?

Mi recomendación es que te adentres en aquello que realmente te apasiona. Hacer lo contrario sería semejante al caso de alguien que tiene un empleo que no le agrada, una persona manteniéndose en su puesto la esperanza de que de un momento a otro la despedirán.

En el ejemplo que te mencioné, no importa si tienes que comenzar por algo pequeño. Tratándose de algo que en realidad te apasiona, ten por seguro que vas a perseverar, harás crecer ese negocio y lograrás, tarde o temprano, alcanzar el éxito que deseas.

De ahí la importancia que tiene el poseer la autodisciplina suficiente para optar por aquello que te apasiona, en lugar de elegir lo que te resulta más cómodo o seguro.

2. Ten una visión a corto, mediano y largo plazo

Es importante que organices mentalmente lo que harás y lo que esperas obtener con tu emprendimiento. En este sentido, debes establecerte plazos de esta manera:

A corto plazo-Dentro de los siguientes dos años.

A mediano plazo- En los próximos cinco o nueve años.

A largo plazo-Dentro de los siguientes diez o veinte años.

Plantearte tus metas dentro de estos períodos es dirigirte hacia tu éxito con pleno control de tu mente, porque será en tu pensamiento, primero que nada, en donde te plantearás estos términos.

A corto plazo

En esta temporada te tocará arrancar y plantearte la instalación del emprendimiento. Es probable que en este período surjan las caídas más aparatosas y, en consecuencia, el momento en que deberás hacer más acopio de tu autodisciplina. Es claro que en muchos casos arrancar es lo más difícil. Recuerda cuando comentaba sobre romper con la inercia inicial, la cual requiere de un gran esfuerzo por tu parte.

Por eso es tan conveniente ejercitar tu autodisciplina de arranque comenzando con tareas simples para que cuando te toque arremeter en pro de tu emprendimiento, ya tengas la suficiente fortaleza como para que ese comienzo te resulte más fluido.

A mediano plazo

Dentro de este periodo de los siguientes cinco o nueve años, debes verte a ti mismo(a) consolidando tu empresa. Será aquí donde instalarás las simientes más sólidas, harás los cambios más contundentes, las alianzas más importantes y ejercerás con más presencia el control y el mando de las circunstancias. Tu mente se pondrá entonces muy a prueba. En esta etapa deberás decir "no" con más frecuencia y seguridad, y deberás también imponer tu criterio en contra de las opiniones ajenas. Será un período de madurez y enriquecimiento durante el cual tu autodisciplina irá dirigida a poner límites y tomar decisiones. Será conveniente que para entonces ya hayas realizado los ejercicios de autodisciplina referidos a decir no frente a circunstancias más sencillas y simples, de manera que cuando te toque lo grande, te encontrarás lo suficientemente entrenado(a).

A largo plazo

Dentro de los siguientes diez o veinte años, luego de haber puesto en marcha tu emprendimiento, proyéctate con tu éxito ya consolidado. Aquí deberás delegar funciones. Para entonces habrás captado a los más capaces e inteligentes. Esta es una etapa en donde tendrás la posibilidad de relajarte. Eso sucederá si desde un principio te planteaste este momento y trabajaste en función a esa proyección. Entonces tu empresa debería andar sin necesidad de tu intervención directa y constante.

Ten en cuenta que tus plazos dependerán mucho de la edad que tú tienes. No será lo mismo si tienes 20 años, 40, 50, 60, 70 o más. Eso debes tenerlo claro. Si eres una persona ya entrada a la tercera edad, tus planes deberían ir dirigidos hacia un retiro o una libertad financiera que significa obtener dinero sin necesidad de que seas tú quien se encuentre al frente del negocio. Si, por el contrario, aún eres joven, te puedes proyectar un largo plazo de mayor crecimiento dirigido hacia una expansión. En todo caso, tengas la edad que tengas, proyéctate siempre en crecimiento con pasión y abundancia.

3. Organiza tu escaparate financiero

Con esto me refiero a tus cuentas bancarias. Primero que nada, te voy a hacer una pregunta, pero procura responder con toda sinceridad: ¿Tienes en tu entorno amigos millonarios? Si tu respuesta fue no, vuelve a pensarlo mejor. Ahora, pregúntate lo siguiente:

¿Tienes a quién acudir en caso de que necesites un préstamo?

¿Conoces a alguien que te pueda apoyar en el caso de que desees hacer una inversión? ¿Algún conocido tuyo te brinda la confianza suficiente como para que le puedas pedir que te guarde tu dinero?

Claro que sí, tú cuentas con estos amigos que no son otros que los bancos. Así es, esos mismos que guardan tu dinero. Pero te diré algo, para que te ayuden a crecer financieramente es necesario que te comuniques bien y que trates con cariño a tus amigos millonarios.

Plantéate esto como parte de tu disciplina. Mantén pensamientos positivos en torno a ellos. Si hablas mal de tus amigos millonarios, lo más seguro es que tus asuntos en materia de finanzas no te resultarán del todo bien. Tengo un vecino que vive quejándose de los bancos. Cada vez que intenta hacer una operación financiera y debe hablar con un empleado bancario, él dice que siempre lo atiendan mal, son mal educados y que nunca tienen una respuesta satisfactoria para ninguno de sus requerimientos. Inclusive, cuando mi vecino va a realizar una transacción vía internet, sucede que jamás logra que la página le abra, es todo un desastre, y hasta da angustia verlo batallar contra sus dificultades en materia bancaria. Mi vecino debería recurrir a su autodisciplina y pensar en positivo a la hora de acercarse a una entidad financiera, ya que la baja energía que él genera no le permite acceder exitosamente a su banco. Es por esa razón que nunca ha podido avanzar en materia económica.

A diferencia de mi vecino, te recomiendo que cuando te acerques a tu banco para realizar alguna operación, o para solicitar un crédito, que lo hagas pensando de manera positiva.

Sería muy útil que en ocasiones recurras a una sonrisa para dirigirte a algún empleado, aun-que siempre es recomendable te dirijas directamente al gerente.

En todo caso, será muy fructífero para ti que tengas la autodisciplina de plantearte una buena actitud a la hora de recurrir a tu banco. Verás entonces cómo te salen de bien las cosas con tu amigo millonario.

Otra cosa importante que tiene que ver con tus bancos y tus finanzas, es que organices tus cuentas de manera que las tengas dispuestas en torno a diversas funciones. Te explico:

Ten una cuenta principal en la cual te "caiga" todo. Esa será la cuenta que darás para que te hagan los depósitos. Esta misma también te servirá para que transfieras lo que obtengas de todas tus actividades económicas.

Otra de tus cuentas debería estar destinada a tus gastos personales y familiares. Te recomiendo que destines a ello el 70% de tus ingresos.

Tu tercera cuenta debería estar destinada a imprevistos. Destina el 10% de tus ingresos a esas eventualidades que podrían surgir de repente; por ejemplo, un accidente, alguna enfermedad o un curso del cual tengas conocimiento de pronto y desees realizar.

Tu cuarta cuenta dedícala un 10% al diezmo y otro 10 % para las inversiones. Planifica en qué momento vas a transferir el diezmo para que quede en esa cuenta solo lo relativo a inversiones. Del dinero destinado a inversiones, puedes tomar una parte para adquirir acciones, comprar herramientas de trabajo o maquinarias. Si en tu país circula un dinero que se devalúa constantemente, puedes también invertir cambiando parte de este porcentaje a una moneda fuerte cómo lo son el dólar y el euro.

Esta organización de tus finanzas va a requerir una buena dosis de autodisciplina de tu parte, pero lo cierto es que a la larga este sistema de orden te dará excelentes resultados.

8. Ejercicios de autodisciplina

Ejercicios de autodisciplina para alcanzar el éxito dentro de tu emprendimiento

Como te lo he dicho anteriormente, la autodisciplina es algo que se puede alcanzar por medio de los ejercicios correspondientes. Es una actitud que podemos hacer crecer al igual que un músculo siempre y cuando comencemos por las tareas más sencillas. Sabemos que si vamos a un gimnasio con la intención de tonificar nuestros cuerpos, pretendiendo particularmente aumentar el volumen de nuestros bíceps, por ejemplo, no es adecuado que iniciemos haciendo cincuenta repeticiones de diez kilogramos en la primera sesión. Eso más bien traería como consecuencia que nos agotáramos física y emocionalmente. Además, la musculatura se vería seriamente afectada, tendríamos dolores, calambres y es muy probable que la sobrecarga nos lleve directo a un fisioterapeuta.

Lo mismo ocurre cuando ejercitamos nuestra autodisciplina. Si, a pesar de tener todas nuestras buenas intenciones y nuestra excelente predisposición, nos planteamos algo que está muy cuesta arriba de nuestra rutina, créeme que no podrás concluir tu cometido, y terminarás frustrado y abandonándolo todo.

Lo ideal es comenzar con ejercicios simples que no nos cuesten demasiado. A partir de eso, ir progresando hasta que, antes de que nos demos cuenta, ¡ya verás!, tú mismo (a) te sorprenderás ante el empuje y la fuerza que notarás en ti al llevar a cabo actividades que anteriormente te hubieran costado un mundo. A continuación, te voy a exponer una serie de ejercicios para aumentar tu autodisciplina. Es claro que los puedes diseñar tú mismo (a) en función a tus hábitos y tu cotidianidad, pero yo te voy a plantear unas tareas muy comunes que tal vez te resultarán familiares, por lo que es probable que decidas emplearlas dentro de tu plan de ejercicios para fortalecer tu autodisciplina.

1. Habitúate a levantarte siempre a la misma hora.

El cuerpo se acostumbra a lo que des, de eso es el cómo y a qué hora te levantas. Un ejemplo que lo debes de haber experimentado tú mismo(a), ya que seguramente te debes levantar a la misma hora para activarte.

Si debes ir al trabajo para salir rumbo a la oficina, consultorio, fabrica, incluso si tu principal ocupación es encargarte de tu hogar y mandar a tu familia a la calle, es seguro que tienes marcada una hora en tu despertador para levantarte muy temprano.

Generalmente, todo el mundo debe levantarse a la misma hora durante los días de semana, pero sucede entonces que llega el sábado y el domingo, o los días de vacaciones, y continúas despertándote a la misma hora de tus días de trabajo. Eso es porque tu cuerpo es un despertador biológico que, a diferencia de un reloj convencional, no cuenta con un botón de apagado.

Déjame decirte que levantarte siempre a la misma hora resulta un excelente ejercicio para tu autodisciplina, sobre todo cuando te levantas de inmediato, sin enrollarte y desenrollarte entre las sábanas en una ardua pelea entre tu sentido de responsabilidad y tu deseo de continuar con tu rico sueño. El levantarte a la misma hora, a pesar de estar de vacaciones, te ayudará muchísimo a centrarte mejor en tu emprendimiento, ya que cuando retomes nuevamente tu rutina habitual, no te verás obligado(a) a romper con la inercia implícita en continuar en estado de reposo a pesar de un estímulo que te impulse. Ya te expliqué cómo esto demanda de ti un esfuerzo extra que bien podrías emplear en las actividades que debes llevar a cabo para alcanzar tu éxito.

También te comenté que esa inversión de fuerza resulta necesaria para romper la inercia implicada en hacer uso de la fuerza de voluntad, y bien sabemos lo conveniente que resulta emplear este recurso cuando realmente es necesario para comenzar una tarea y por alguna razón nuestro ánimo se encuentre un poco bajo.

2. Haz la cama en cuanto te levantes

Mi abuela siempre me decía que era muy importante acomodar la cama apenas me levantara. Cuánta razón tenía. Y es que tender la cama al levantarte es el ejemplo más claro de un ejercicio para la autodisciplina; comenzar por lo más pequeño. Se trata de una tarea que no demandará de ti mucho esfuerzo, pero que, sin embargo, es muy probable que no tengas ninguna gana de llevarlo a cabo, especialmente porque a esa hora con seguridad aún estés embargado (a) por un sueño con el que aún estés peleando. Sin embargo, vale la pena que realices esta práctica y la conviertas en algo habitual a fin de activar tu cerebro para la disciplina y el orden.

Al ejercer el hábito de hacer tu cama apenas te levantes, estarás atacando el hábito de postergar tus tareas. Lo mismo va para otras actividades sencillas y cotidianas, por ejemplo, lavar los platos, deshacer las maletas apenas llegues de viaje, etc. Es decir, todas esas tareas domésticas simples que mucha gente suele dejar para después yque, generalmente, se extiende más de lo debido.

3. Vístete de manera adecuada

Otra cosa que me enseñó mi abuela fue a estar siempre vestida como si fuera a salir. De hecho, yo no recuerdo haber visto a mi abuelita en bata de casa y sin el calzado adecuado. Por el contrario, ella siempre estaba vestida como si fuera a recibir visitas.

La fisiología le da la razón a mi abuelita, ya que algunos estudios han demostrado que el cerebro sigue a la vestimenta. Más aún, la gente siempre te va a tratar de acuerdo con cómo estés vestido(a). Ten en cuenta que el ser humano es incapaz de mirarte más allá de lo exterior. Es decir, la gente te ve cómo estás vestido, pero no podrá verte a través de tu cráneo para enterarse lo inteligente y pulcro(a) que eres, así como tampoco podrá ver tus sentimientos o pensamientos. La gente mide a los demás según su apariencia externa, esto es invariable.

Lo otro a tomar en cuenta es que actuarás según estés vestido(a) y peinado(a). No es casual que los guerreros aborígenes se ataviaban de un modo peculiar y pintaban los rostros con líneas agresivas y colores fuertes como el rojo y el negro. Eso tenía una doble función. Por una parte, el guerrero se presentaba a sus enemigos mediante su apariencia, señalaba qué tan fuerte, valiente, agresivo e invencible era. Por otro lado, por la forma en que se vestía o se adornaba un guerrero creaba una autoestima hacia sí mismo. Por ejemplo, se hacía sentir más poderoso.

Lo mismo nos ocurre a cada uno de nosotros, simples mortales "civilizados". Tal y cómo estemos vestidos y arreglados, así nos sentiremos. Si trabajas en tu casa, si tu proyecto lo realizas desde tu ordenador personal, no te descuides, no te quedes todo el día trabajando en pijama sin peinarte o sin lavarte los dientes. Créeme, sé de casos. Procede como si tu casa fuera una oficina, vístete como si fueras a trasladarte en el subterráneo, taxi o tu vehículo particular. Autodisciplínate en eso, aunque te veas tentado(a) a quedarte en tu ropa de dormir. Elimina de tu cabeza la frase "total, nadie me va a ver". Claro que te van a ver, en principio te va a ver una persona muy importante, que no es más nadie que tú mismo(a). Además, si estás casado (a) y/o tienes hijos, no te conviene que ellos tengan esa imagen descuidada de ti. Recuerda que eres un modelo a seguir para tus chicos. En cuanto a tu pareja, no debes descuidar el enamoramiento continuo. Él o ella deben verte en todo tu esplendor, bello(a) diariamente. Tal vez te suene algo anticuado y contrario a muchos discursos feministas o de autoimagen, pero, te voy a decir algo, no olvides que en la calle hay mucha gente bien arreglada y vestida, todos al alcance de la vista de tu pareja. Eso, te guste o no, es una realidad.

4. Ponte música motivadora

El que una música resulte motivadora, o no, es algo muy personal. Todo va a depender de tus registros, tu cultura, lo que escuchabas de niño o de adolescente. Porque tenemos al respecto una memoria que nos dice lo que es bonito, feo, estimulante o aburrido. A mí me puede resultar motivadora la música céltica, pero es posible que a ti esto te produzca tan solo mucho sueño. Tengo una amiga que siempre fue capaz de estudiar con un fondo de canciones románticas ¡Música con letra a la hora de trabajar! Yo nunca pude entender cómo ella podía concentrarse con estas historias de amor como telón de su álgebra, su química o sus ciencias naturales. En mi caso, lo único que yo podía escuchar mientras estudiaba eran canciones en un idioma que yo no entendiera o, en su defecto, música instrumental.

A propósito de esto, no debería ser igual la elección de música que te estimule para leer que la que te inspira para hacer ejercicio. Yo, particularmente, sí que necesito música para ejercitarme, y me gusta una que sea más bien movida, agitada y enérgica. En cambio, si lo que voy a realizar una actividad manual como armar algo a partir de un material reciclado u organizar un escaparate, me siento realmente cómoda y motivada con baladas de amor. Pero, como te digo, eso depende del gusto musical de cada uno.

5. Céntrate y proyecta tu objetivo

Es importantísimo que como parte de tu autodisciplina te mantengas centrado(a) en tus objetivos. Para eso te recomiendo que te proyectes con tu meta lograda. Yo no te hablo de visualización, porque la visualización tiene que ver más bien con el empleo de la imaginación, ver tu meta estructurada mentalmente, sin que tú mismo (a) estés involucrado(a) en ella.

En cambio, cuando te proyectas en medio de tus logros, es muy distinto. Entonces te ves ahí adentro, disfrutando el logro, percibiendo olores, texturas y temperaturas. En efecto, sentirás las emociones concernientes al logro una vez alcanzado. Este ejercicio debería ser parte de tu plan de autodisciplina para alcanzar tu éxito.

Por otra parte, céntrate siempre en tu logro. Ten la disciplina suficiente como para alejar de ti pensamientos como: "me fastidia tanto trabajar hoy" o "quisiera quedarme en casa durmiendo toda la mañana". En lugar de eso, piensa algo así como "hoy va a ser un día muy productivo para mí" o "voy a disfrutar mucho haciendo eso que me gusta tanto". Como entenderás, todo va a depender de aquello que seas capaz de crear y proyectar, primero que nada, desde tu mente.

6. Comienza ordenando y organizando

La mayoría de las personas somos visuales. Nos centramos en lo que vemos. Así que si nuestro entorno está visualmente desordenado y lleno de cosas inútiles tendremos un foco de distracción que no nos va a permitir concentrarnos correctamente. Claro está que hay gente auditiva que se distrae más con los ruidos, así como gente kinestésica que se dispersa fácilmente con los contactos físicos.

En todo caso, es muy probable que seas de quienes se distraen más ante el desorden visual. De un modo u otro, es importante que antes de comenzar con tu trabajo organices a diario bien el entorno en el cual te desempeñarás. No trabajes sin antes retirar de tu escritorio las pilas de papeles, lápices, memos, o cualquier otro tipo de elementos distractor.

Te recomiendo que dediques unos cinco o diez minutos a arreglar el entorno, revisar qué es lo que tienes pendiente y planificar tus metas antes de comenzar lo que te corresponderá ese día. Esta sencilla tarea pondrá tu cerebro en modo activo y te estimulará a continuar con todos tus pendientes de un modo enérgico y proactivo.

7. Valora tu primera hora

Seguramente podrás recordar que dentro de tu proyecto, has tenido días muy productivos y otros que han sido un real desperdicio. Trata entonces de hacer memoria cómo has comenzado unos días y cómo has comenzado otros. A propósito, te cuento que la manera como abordes tu primera hora de trabajo será definitoria en relación a la manera en que transcurrirá el resto del día.

Si quieres realmente alcanzar el éxito, es importantísimo que comiences tus días con buen pie. Si un día decides levantarte tarde, jugar un poco de videojuegos antes de comenzar a laborar o dormir una siestecita a media mañana para "reclutar energías", te aseguro que no solo pasarás todo el resto del día perdiendo tus valiosas horas, sino que ya cerca de la noche, te sentirás frustrado(a) y con sentimientos de culpa debido a que desperdiciaste una buena parte de tu valioso tiempo.

8. No sucumbas ante las distracciones

Uno de los enemigos más contundentes de nuestro éxito son las distracciones. Se trata de una tentación permanente que todo el tiempo nos asechará, de manera que con ellas debes estar muy alerta y mantener activa tu autodisciplina para evadirlas. Puede tratarse de una llamada telefónica, un bocadillo que te esté llamando tentadoramente desde tu refrigerador, mensajes de texto o cualquier cosa por el estilo. Si te dejas irrumpir por ese tipo de distracciones, te aseguro que lo más probable es que tu día no resultará nada rendidor; al contrario, será un día perdido entre distracciones que bien podrían esperar a ser atendidas para cuando hayas concluido con todas tus tareas.

A continuación, te voy a hacer unas recomendaciones para que no caigas en la tentación de dejarte arrastrar por las distracciones.

a. Deja tu correo para después

Claro que en el caso de que tu emprendimiento tenga que ver con contestar correos electrónicos, debes estar muy atento a ellos y de manera permanente, pero si no es así, no existe ninguna razón para que tengas el correo abierto y espiarlo cada vez que te entre un mensaje. Lo mismo va para cualquiera de las redes sociales. Si te detienes a revisar los mensajes cada vez que entran, vas a tener menos de la mitad del rendimiento que alcanzarías en un estado de concentración. Tampoco tengas el televisor encendido porque esto te traerá distracciones que podrían llegar a dispersar tus mejores ideas. Con respecto a tus correos, lo mejor será esperar a que hayas terminado tu media jornada para que revises qué es lo que te están enviando y comentando tus amigos.

b. Pon el móvil en silencio

Otro hábito que deberías fomentar para evitar las distracciones es poner tu móvil en silencio, esto aún en el caso en que decidas no contestar las llamadas. Porque el escuchar que te están llamando, te va a distraer y quizás hará que pierdas el hilo de lo que estás haciendo. No tiene caso que escuches el teléfono si no lo vas a contestar porque estás ocupado(a). Ahora, si tu empresa tiene que ver con clientes que puedan desear comunicarse contigo vía telefónica, en esa situación sí deberías estar muy atento a las llamadas. Pero si no es así, como te digo, mantenlo en silencio, ya tendrás tiempo de devolver las llamadas relajadamente cuando haya terminado tu día de trabajo.

C. Aléjate de la tentación de la web

También debes mantener alejado de la tentación de mirar la web, para así evitar las distracciones. Si no es preciso que tengas abierta alguna ventana, lo mejor es que puedas mantener cerradas todas. Nada resulta más fácil que caer en la tentación de curiosear de vez en cuando las noticias de entretenimiento, pero entonces puede suceder que gastes una buena parte de tu valioso tiempo en curiosear toda esa información que en tu caso tal vez no te resulte para nada útil.

d. Limita el tiempo de tus pausas

Es cierto que resulta muy importante hacer una pausa de vez en cuando, siempre que las mismas no pasen de quince minutos. En eso debes tener mucha autodisciplina, pues es muy fácil caer en la tentación de distraerte más de la cuenta y alargar indebidamente tus pausas. Si te tomas una pausa demasiado extensa como tomarte un café y resulta que hiciste una llamada telefónica y, literalmente, "te guindas" del teléfono por una hora, cuando estés dispuesto(a) a retomar tu trabajo deberás invertir una energía extra para renovar tu ritmo. Esto es porque en ese caso habrás roto tu inercia de acción. Recuerda lo que antes te referí con respecto a la inercia de acción. Debes mantener la tendencia de tu actividad una vez que hayas comenzado a trabajar. Es igual que en la inercia desde el punto de vista de la física. En tu caso, al haber alargado tu descanso, habrás caído en una inercia de inacción; es decir, estarás en reposo y tu cerebro y el resto de tu organismo tenderán a continuar así, de manera que requerirás de una fuerza extra para recomenzar nuevamente, lo que implicará que gastes en arrancar una energía que te habría resultado útil para crear.

e. Atrévete a delegar

Y continuando con los ejercicios para alcanzar la autodisciplina, te cuento que es muy importante que para ello te atrevas a confiar en los más capaces. Dicho esto, no temas delegar.

Cuántas veces hemos escuchado la frase: "para que salga bien tengo que hacerlo yo mismo". Esta se trata de una expresión que encierra una total incapacidad para delegar. Quien piensa de esa manera con seguridad terminará abrumado y atormentado frente a un montón de tareas para las cuales no le alcanzará el tiempo.

Es importante que tengas la suficiente autodisciplina como para permitirte confiar en los demás. Piensa que dentro de tu círculo personal existen personas muy capaces, inclusive más inteligentes que tú, lo cual será estupendo para el crecimiento y desarrollo de tu emprendimiento. Si ante la idea de delegar las tareas a alguien más te angustias mucho, comienza por fortalecer tu autodisciplina de confianza asignándole a alguien una labor pequeña. Si en caso este lo hace mal, no va a generarte graves consecuencias. Es preciso que te fortalezcas en este sentido. Recuerda que si planeas que tu emprendimiento crezca vas a requerir de otras personas, necesitarás hacer alianzas, confiar en la gente y, por supuesto, delegar tareas.

f. Date tus propias recompensas

¿Recuerdas cuando te mencioné aquello de las recompensas inmediatas y las recompensas aplazadas? Te lo voy a explicar un poco más, aunque en esta ocasión lo que te voy a proponer es que seas tú mismo(a) quien se brinde sus propias recompensas a medida que vayas haciendo tu trabajo y cumpliendo tus metas.

Anteriormente, te decía que existen dos tipos de recompensas, las inmediatas y las aplazadas, y que, aunque, generalmente, las inmediatas son más cercanas, eventualmente deberías renunciar a ellas para alcanzar tus recompensas aplazadas, las cuales son más duraderas y encierran el logro o la meta que deseas alcanzar. Por ejemplo, entre la opción de ir al gimnasio para hacer ejercicio o quedarte en tu sofá comiendo y mirando tu serie favorita, se encuentran en contraposición una recompensas inmediata, que es el placer que experimentarás en tu estado de reposo viendo la tele y comiendo, y una aplazada que será la satisfacción que obtendrás varios meses después de ver tu cuerpo más fuerte y en forma. Te hablé también de la importancia de la autodisciplina para elegir la recompensa aplazada por encima de la inmediata.

En esta ocasión, te comentaré un mecanismo de recompensa, algo que funcionará como estímulo para incentivarte a avanzar. Estas se tratan de unas recompensas inmediatas. Debes ser amigable contigo mismo(a). No es preciso que te mantengas a pan y agua como si fueras tu propio verdugo, azotándote para que te revientes trabajando, pensando que recién dentro de un año obtendrás tu recompensa aplazada. No se trata de eso. En medio de tu trabajo, planifica un tiempo para acariciarte. No olvides que tienes derecho de mimarte de vez en cuando.

Cada vez que obtengas un buen resultado o alcances un logro, brindate algo que te guste mucho, tal vez una pizza, un helado, una tarde en un spa o en casa de las chicas, un par de horas en tu salón de belleza, lo que tú prefieras, lo que te guste. Recuerda que se trata de un placer bien merecido.

Conclusiones

Hemos visto que la autodisciplina es la capacidad de hacer lo que tenemos que hacer o lo que nos hemos propuesto hacer, independientemente si nos apetece llevar o no a cabo cierta actividad. Existen muchas personas que simplemente no pueden actuar si es que cierta tarea no les apetece. Esto podría frenar el ascenso al éxito de cualquiera. Lo bueno de todo esto es que la autodisciplina es algo que se puede ejercitar tal y como ejercitamos un músculo para que crezca y se vuelva más potente.

Ciertamente, esto a veces toma su tiempo porque la mayoría de nosotros tenemos hábitos que nos mantienen alejados de la autodisciplina. Sin embargo, existen técnicas, pasos y ejercicios que podemos hacer para fortalecer este músculo tan especial que es la autodisciplina. Lo más importante de todo es comenzar identificando cuáles son nuestras debilidades; es decir, qué hábitos tenemos nosotros en particular que son contrarios a la autodisciplina.

Una vez identificada esa condición o costumbre que sabotea nuestro ascenso al éxito, siempre es recomendable comenzar a generarnos autodisciplina haciendo lo más simple. Así es, sea cual sea el ejercicio que nos corresponda hacer, debemos iniciar con lo más sencillo para luego avanzar con un poco más de exigencia, así hasta que, finalmente, podamos soportar la carga máxima. Repito, no debemos olvidar de comenzar con una carga muy baja, tal como sucede cuando nos ejercitamos físicamente.

Debemos entender que podemos entrenar y desarrollar nuestra autodisciplina de la misma forma en que trabajamos en nosotros una característica o habilidad. En este sentido, podemos ir fabricándonos pequeños hábitos. Esto nos mantendrá en inercia de acción, lo que será importante para realizar con fluidez incluso cualquier otra tarea.

Al ejercitar nuestra autodisciplina poco a poco conseguiremos que cada vez nos cueste menos esfuerzo concretar aquello que tenemos que hacer o que queremos acometer, porque sabemos que es bueno para nosotros, aunque nos dé pereza o nos aburra llevarlo a cabo en un momento determinado. Según vayamos adquiriendo más autodisciplina, todo lo que debamos realizar en nuestras vidas nos costará menos y obtendremos cada vez mejores resultados. En síntesis, no olvides nunca que la autodisciplina es la herramienta más poderosa con la que podemos contar para alcanzar el éxito.

◆◇◆

QR CODE

LIA MURILLO

https://www.amazon.com/author/liamurillo

Te invito a que disfrutes mis siguientes libros ◎

https://mybook.to/LeyDeAtraccionbook

https://mybook.to/LaMotivacionBook

https://mybook.to/Laautoconfianzabook

https://mybook.to/HabitosQueCambTuVida

Made in United States
North Haven, CT
24 November 2024

60816660R00078